The Old Towns of
ChongQing

刘泽安 著
罗　毅

东溪

巴渝古镇

走进古镇就穿越2200多年的历史风云，
寻梦东溪则欣赏到唐诗宋词的优雅意境。

重庆出版集团 重庆出版社

图书在版编目(CIP)数据

东溪 / 刘泽安, 罗毅著. —重庆: 重庆出版社, 2023.8
ISBN 978-7-229-14799-0

Ⅰ.①东… Ⅱ.①刘… ②罗… Ⅲ.①乡镇—概况—忠县 Ⅳ.①K927.195

中国版本图书馆CIP数据核字(2021)第037443号

东　溪
DONGXI

刘泽安　罗　毅　著

策　　划:郭　宜
责任编辑:张　跃　吴越剑
责任校对:陈　琨
装帧设计:刘　洋

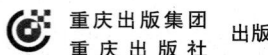
　出版

重庆市南岸区南滨路162号1幢　邮政编码:400061　http://www.cqph.com
重庆出版社艺术设计有限公司制版
重庆一印包装印务有限公司印刷
重庆出版集团图书发行有限公司发行
E-MAIL:fxchu@cqph.com　邮购电话:023-61520646
全国新华书店经销

开本:787mm×1092mm　1/16　印张:16　字数:246千
2023年10月第1版　2023年10月第1次印刷
ISBN 978-7-229-14799-0
定价:78.00元

如有印装质量问题,请向本集团图书发行有限公司调换:023-61520678

版权所有　侵权必究

《巴渝古镇》丛书序

　　古城、古镇、古村落，在"古"字系列的现代旅游版图中，古镇处于承上启下的中层地位，数量比古城多，品质比古村落高，举足轻重，备受青睐。要振兴乡村，包括古镇在内的乡镇也是龙头，乡镇不活，村即难兴。

　　镇，作为县下的一种行政建置，源头在于上古里邑。至迟从西周开始，凡有人聚居处，二十五家即成为一里。里又指商贾聚集的地方，《国语·齐语》称之为"十轨为里，里有司"。邑则是最早形成的城市，大称都，小称邑。城市的产生，与文字使用、青铜冶炼共同构成文明滥觞。所谓"十轨为里"的里，发展到相当规模，就可能演变为邑。从秦汉直至隋唐，里和乡一直都是县以下的基层组织。唐代已是有户为里，五里为乡，皆设有司督察民风。宋代的经济社会繁盛空前，开始在人口稠密、市集兴旺的乡一级地方设镇。如宋人高承《事物纪原·库务职局》所说："民聚不成县而有税课者，则为镇，或以官监之。"镇的监官虽尚未入品，却得授权掌管全镇商税及民政。元明两代沿用其例。至清代一变，派驻市镇的巡检有了官阶，为从九品。至民国又一变，人口五万以上的村庄屯集地方称镇，人口不满五万的村庄屯集地方称乡，都设县下一级行政治理机构。

　　直辖后的重庆市，实行市、区（县）、乡（镇、街道）三级行政体制。二十多年来，乡、镇、街道经过不止一次的整合，乡的数量已大为减少，镇和街道数量则明显增多。2016年1月6日，重庆市规划局、市地理信息中心发布《2015重庆区划调整地图》，确认了截至2015年底，全市38个区县中，有乡200个（含14个民族乡），镇612个，街道213个，合计1025个。我们这套丛书指认的"巴渝古镇"，主要就在这612个镇当中。其所以未称"重庆古镇"而称"巴渝古镇"，是因为当今重庆系由历代巴渝演进而来，重庆的地域历史文化通称"巴渝文化"，在文化上认祖归宗，鉴古知今。

　　巴渝文化源远流长，异彩纷呈。在有文字记载的，长达3000多年的历史进程当中，历朝历代的巴渝住民创造出了烙着巴渝印记的物质文明、精神文明、制度文明（风俗、习惯）和生态文明，也给后人留下了重庆母城，以及众多古镇。早在1986年，重庆便成为了第二批国家历史名城。作为历史文化名城的重庆构件之一，2003年至今，在国家住房城乡建设部、国家文物局先后七批评定的固定历史文化名镇长廊里，重庆已有渝北区的龙兴镇，九龙坡区的走马镇，北碚区的偏岩镇（现金刀峡镇），巴南区的丰盛镇，江津区的中山镇、白沙镇、塘河镇、吴滩镇、石蟆镇，永川区的松溉镇，荣昌区的路孔镇（现万灵镇），铜梁区的安居镇，潼南区的双江镇，合川区的涞滩镇，綦江区的东溪镇，涪陵区的青羊镇，黔江区的濯水镇，酉阳县的龙潭镇、龚滩镇，石柱县的西沱镇，万州区的罗田镇，开州区的温泉镇，巫溪县的宁厂镇等23个古镇联袂上榜，约为全国名镇总数312个的7.7%。沙坪坝区的磁器口古镇现为街道，故不在其列，但知名度和美誉度绝不在这些名镇之下。另外一些重庆高级的历史文化名镇，例如酉阳县的后溪镇、秀山县的洪安镇和巫山县的大昌镇之类，文化涵蕴和自然风光也不遑多让，各具特色。我们这一套《巴渝古镇》丛书，描摹对象主要取自于前者，同时兼顾到了后两者，着眼点就在尽可能充分地反映重庆市的古镇风貌。

　　回顾巴渝文化的演进历程，不难清晰地发现，人的聚居方式是与经济社会发展相生相伴同向而行的，由里至邑、里邑共济的二元结构渐次形成势在必然。这其间，镇之成为一种区划虽然始于宋，但称里称乡早已有之，追本溯源不能拘于有无镇之名。据文献、文物从实考察，所有的巴渝古镇，或肇端于秦汉，或兴起于唐宋，或隆盛于明清，或扩张于民国，古远长短确有差异。但并不一定产生早就发展好，后之来者也可居上。在某一阶段，一些镇还曾作过县治，这比通常既"乡镇"合称，又"城镇"全称，更能体现出镇在属性上偏重于城，现代"城镇化"即由之而来。它们的共性在于，饱经历史风刀雨箭的冲刮，迄今仍然保存着相对而言特别丰富的文物，而且具有比较重大的历史价值或纪念意义，能够较完整地反映一些历史性的传统文化岁月和地方民族特色。在此前提下，又各具个性，或为乡土民俗型，或为传统文化型，或为民族特色型，或为商贸交通型。只不过，每一型都不是单一的形态，而是多种元素共生的混合形态，其中还不乏革命文化的红色元素。

　　支撑古镇的各种文物中，传统建筑最为尊显，最为珍贵。它们本身就是文化的结晶，同时也是历史的见证。它们好比巴渝地区的《清明上河图》部分本原，无可替代，无可克隆。它们融合式地积淀着中华传统建筑多种风格流派的丰厚文化精蕴，大音无声，庄严而恬静地演唱着巴渝文化交响乐。不需要刻意搜寻，今人和后人就可以直观地感受到，出自远古西南山林的，巴人先民习用的，迄今仍广见于川、渝、云、贵地区的干栏式建筑，及半干栏式吊脚楼建筑，乃是川派建筑的典型符号。而这典型符号，在山水之都重庆尤为彰明较著，浑同巴渝建筑标志，哪个古镇仍然保存着，哪个古镇就特别具有巴渝灵韵。重庆历来又是一个移民城市，尤其是清初"湖广填四川"，填川移民将其他地域的建筑艺术也传入了巴渝地区。其中最为特殊的当数皖派（徽派）建筑，它那青瓦白墙的基本配置，它那防火马头墙造型及其功能，它那民居、祠堂、牌坊"三绝"和木雕、石雕、砖雕"三雕"，很大程度上已反客为主成为清至民国年间巴渝建筑的标配。其次是苏派建筑,它那脊角翘高的屋顶、风韵别致的门楼,以及粉墙、黛瓦、明瓦窗和走马楼、过街楼,乃至藏而不露、曲径通幽的亭阁、园林,同时态的传播影响也迫近皖派。其他如京派的四合院对称布局,晋派的大院造型、窑洞造型,闽派的圆楼、方楼结构,亦有不同程度的影响。晚清重庆开埠前后,教会和洋商相继入渝,还带来了欧洲巴洛克建设样式。因此,但凡游古镇,千万不能放过了多元化和多样性的传统建筑,它们就是古镇肌体。

古镇肌体并非只具有物质属性,各个流派的建筑理念,都深寓着天人合一的哲学观念及和合为美的审美意识,这些要素合构成了传统建筑的精神内核。由之引申出,几乎所有古镇的初始建筑及其群落都注重取势,依山傍水,负阴抱阳,与周边的生态环境自然地融合,内部的天井、木石之类配置也与其协调。更重要的是,建筑的使用主体是人,人的生存和发展,特别是人与自然和社会相关联的创造性活动,更赋予它们人文属性。尤其是各种历史文化名人,他们的德行、经历、故事、遗物,都连接着他们的故居、宗祠、书院、行迹,跨越时空仍是所在古镇赖以扬名的一种珍稀文化资源。如果某座古镇还与重要历史事件结下了不解之缘,那么,事件所系的一切实体,也与历史虚实相生,构成另一种弥足珍贵的文化资源。凭借这两大文化资源,引领镇域以内的寺庙、宫观、会馆、井肆、街巷、桥梁、码头、义渡、纤道、盐道之类的遗存或者遗迹,并且勾连确具地方、族群特色的民风民俗、美食美景,文化的丰厚性和灵动性就呼之欲出。让它们与旅游融合,就能给旅游增添鲜活的灵魂。

时迄于当下,巴渝古镇文旅融合得好的还是少数,多数仍处在顺流逐潮阶段,因而既有差距,更有诱人的开拓空间。这就迫切需要多方配合发力,在坚持做到积极保护的前提下,有序探索合理利用的有效途径。我们编撰出版这一套《巴渝古镇》丛书,出发点就在为之尽一分心,出一分力。本着唯真唯实、好读好用的原则,一个镇出一本书,每本书都图文相济,多侧面地逐个介绍巴渝古镇。

我们由衷地期盼，这套丛书能对文化旅游管理者、旅游经营者和从业者提供一些参考，多少有所启发。主要的适用对象，则是广大旅游爱好者，寄望他们借助这一套丛书，更加真切地了解巴渝古镇，从而进一步喜欢巴渝古镇，以促成巴渝古镇游出现一派新面貌。

蓝锡麟　　2019年4月18日于淡水轩

巴渝古镇东溪 分序

东溪，中国历史文化名镇——

紫气东来，溪水长流。二千二百多年的沧桑文脉绵延于斯，渝南黔北的灵动山水滋养人文。漫步，让乡愁氤氲，在穿斗青瓦下寻常巷陌中低吟浅唱；闲坐，让时光驻足，在小桥流水畔斜阳老树下触摸过往。这里，楼舍依然，门扉轻掩，有花开的声音，有岁月的光影；这里，史迹故旧，古朴厚重，有文化的回响，有特色的美味。可曾忆，千年梦相聚？抚一曲，把盏从头叙……

生活着的巴渝古镇东溪，风韵盎然，如梦如幻，平静质朴，如歌似吟。曾经的繁华美丽，现存的历史建筑、名胜古迹、璀璨文化、民间美食等，均是岁月长河洗礼之后留下的精华与记忆。这是每个东溪人理想中的家园，也是我们先辈们实实在在生活的空间。碧透的东溪漫上来，漫过消逝的太平桥码头，纤夫的脚印，笑傲千年的黄葛树比肩接踵，苍翠欲流，掩映着祖祖辈辈的灵魂。

东溪，千百年来，将沿河青石河滩冲洗成梦幻的色彩，阅尽沧海桑田。

东溪古镇画屏，山清水秀树伟。这里的每一处自然和人文景观都是一种姿态，演绎成一段段动人的故事。一村、二碑、二石、三宫、三瀑、四街、五桥、六院、七巷、八庙、九市、十景各具特色，太平渡口、琵琶古寨、贞节牌坊、石刻木雕、川剧评书、龙灯舞狮、唢呐字画绚烂多彩。

东溪，山川秀润，人杰地灵。早在西汉时期，就以具有浓郁地方特色的巴渝文化而著称。时光飞逝，岁月如梭，东溪经历了因商业而兴、因码头而盛、因场镇变迁而发展的道路。

鉴古而知今，察往而思来。在致力建设中国历史文化名镇、重庆市特色小镇之时，根据市文旅委统一安排部署，由重庆綦江旅游度假区管理委员会、重庆南州旅游开发建设投资（集团）有限公司、东溪镇党委、政府共同组织编纂的《巴渝古镇·东溪》出版了。该书全面反映了东溪悠久的历史和厚重的文化，彰显了东溪的特点，为宣传东溪、认识东溪、研究东溪、建设东溪、振兴东溪提供了丰富的资料；为积极探索东溪古镇保护和旅游开发提供了历史的思索。

《巴渝古镇·东溪》，是重庆市22个中国历史文化名镇丛书之一，我们深切期望，读者能通过该书了解东溪的过去和现状，加深对东溪古镇的认识。

人在古镇走，胜过画中游。看一路，读一路，想一路。东溪那些长长短短印痕，那些深深浅浅的眷恋，必将植根于人们的心田……

重庆綦江旅游度假区管理委员会主任：李　云
重庆南州旅游开发建设投资（集团）有限公司董事长：罗昭勇
中共重庆市綦江区东溪镇委员会书记：陈　波
2019年6月8日

第三章 • 人文传承

李白·夜郎·东溪 40

翼王石达开「东溪决策」 43

吴佩孚驻东溪 47

滇黔军与北洋兵在东溪之战 50

尚书坪之战 53

东溪米案 56

东溪中学 63

东溪中学开展抗日救亡运动 69

抗战老街 72

国民党中央银行东溪分行 76

川剧座唱 83

编织制品技艺 88

东溪舞狮 91

东溪腰鼓 94

目 录

《巴渝古镇》丛书序 1

巴渝古镇东溪分序 6

第一章 · 东溪古镇

历史上的东溪 3

綦河边的东溪 7

诗词里的东溪 12

守望东溪 18

第二章 · 风云历史

夜郎古国 25

僚人故里 29

汉代"蛮子洞" 32

古驿道·关索桥 35

第五章 · 史迹名胜

琵琶山的传说 144

「连长」沈二嫂 147

箭刀丘与立刀山 149

万天宫 153

南华宫 157

王爷庙 162

太平桥 166

旌表节孝牌坊 170

龙华寺 174

观音阁 179

七孔子崖汉墓群 182

一石三碑 186

牛心山 189

金银洞瀑布 193

第四章 · 传说故事

东溪木雕 97

义门陈氏 101

太平桥码头 105

香包 108

石磨与石碾 110

麻乡约 114

正德王微服私访 123

正德王降旨整治綦江河 128

气死莫告状 134

神奇石棺材 136

白云寺 138

神女石幺姑 140

九朵莲花落后坝 142

第六章 · 民间美食

黄葛树画廊 197

六院九市 202

东溪花生 209

东溪豆腐乳 212

东溪刘氏黑鸭 216

杨狗烧腊 218

黄荆豆花 221

米豆花 224

活水豆花 228

米黄瓜 231

东溪旅游攻略 235

编后记 237

东溪古镇旅游线路图 240

第一章 | 东溪古镇
DONGXI GUZHEN

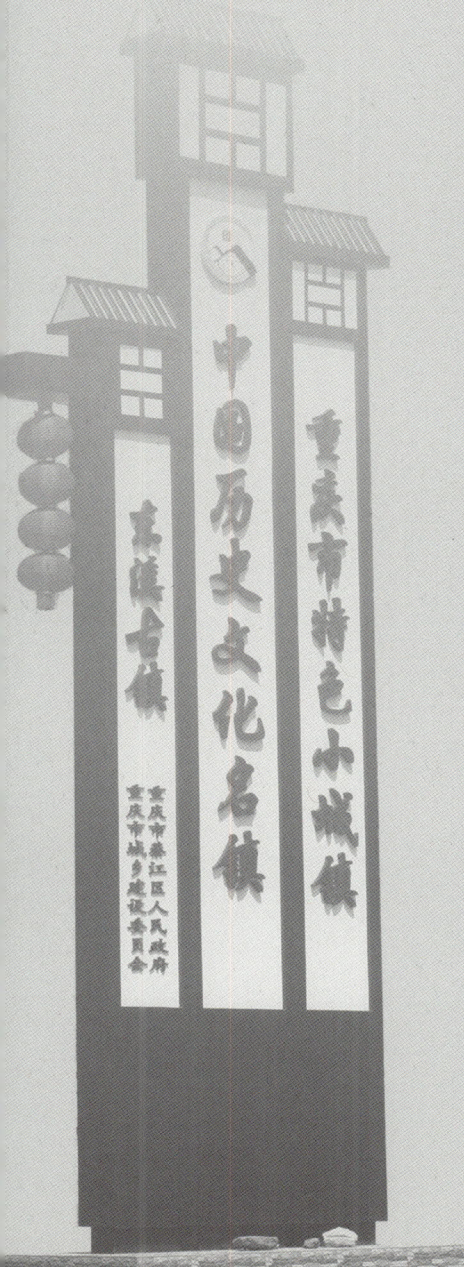

　　万寿场、丹溪县、东溪里、东溪镇等，在二千二百多年的历史长河中，它们各自演绎着不同的角色。历史绵延于今，文化传承于此，史迹保存于斯。要了解东溪、认识东溪、感悟东溪，甚至喜欢东溪，请跟随我的脚步，走在那光滑而凹凸不平的青石板路上，寻找历史上的东溪、綦河边的东溪、古诗里的东溪，你就会守望东溪，那山、那溪、那瀑、那桥、那道、那碑、那宫、那寺、那坊、那楼、那巷、那市……无一不是东溪地域所特有的记忆。

历史上的东溪

东溪镇位于重庆市綦江区南部,东邻扶欢镇,南与赶水镇交界,西与丁山镇相连,北与篆塘镇接壤。全镇幅员157平方公里,辖20个村和4个社区,总人口8.9万人,其中场镇人口2.4万人。交通便捷,渝黔铁路、渝黔高速铁路、210国道、兰海高速公路等纵贯南北,距綦江30分钟车程,距重庆1小时车程,系高速公路能直达的古镇之一。

东溪镇素有"川黔古道上的第一山水古镇"之美誉,现为中国历史文化名镇、中国特色旅游新干线示范镇、重庆市中心镇、重庆市最美小巷镇、重庆市最具人文价值小城镇、重庆市特色小镇。

万寿场牌坊

"水绕镇中流，镇在林中走。街依山水旁，无处不是景。"一条千年古道诉说着岁月的沧桑，《傻儿师长》《乡里人家》《无言的山脉》《三岔口》《雾都猎狐》《失孤》《五月殇桥》等电影和电视剧，传达着这里的乡土人情。唐代诗仙李太白遭流放时曾游东溪，题刻"金溪玉泉"；明朝皇帝武宗微服私访到东溪，题写"第一名山"；太平

中国历史文化名镇牌

天国翼王石达开亲率 40 万大军设帐丁家湾，作出"东溪决策"；1913 年刘伯承奉命率部到东溪剿匪，打响他军旅生涯的第一枪；贺龙曾经三临东溪，到太平桥"抚我孑遗"碑前凭吊曹天泉；东溪籍人罗振声曾与邓小平和周恩来到法国勤工俭学，回国后参加一、二次东征并创作《国民革命军军歌》；1926 年，重庆地委书记杨闇公在东溪有效组织了震动全川的"东溪米案"。

千年古镇——东溪欢迎你！寻千年美文，览古镇美景，赏东溪美树，尝非遗美食，饮岁月美酒……

美文。东溪原名万寿场，始建于公元前 202 年，建场 2200 多年。唐高祖武德二年（619 年）在东溪设丹溪县，唐太宗贞观十七年（643 年）撤丹溪县改为东溪镇，建镇 1300 多年。东溪现有保存较为完好的古汉墓群、盐马古道、麻乡约民信局、"旌表节孝"牌坊、太平桥等古迹，演绎了东溪历史的兴衰，积淀了厚重而丰富的文化。码头文化、移民文化、诚信文化、盐茶文化、红色文化、宗教文化、抗战文化、版画文化等灿烂辉煌。

美景。东溪明清穿斗的吊脚楼民居，与清澈溪流相映成趣，营造出"小桥、流水、人家"清幽意境。正因如此，古镇至今仍是四川美术学院、重庆书画社、渝州画院、重庆教育学院等师生的写生基地。美术学院的教授们坦言："古镇景点之繁多、构筑之完美、变化之丰富、色彩之老辣、退让之得宜、聚散之适度，甚至破损颓废之残缺美的分寸，均是老川中无二例可与之媲美。"

历史上的东溪，有南华宫、万天宫、万寿宫等三宫；有陈家院、罗家院、夏家院、伍家院、涂家院和明善书院等六院，叫人拍手称奇；有百货市、麻纱市、竹子市、草鞋市、柜子市、鸡市、米市、猪市、鱼市等九市；有太平桥品茗、太平寨览胜、上平桥赏龟、凤凰山观瀑、龙华寺撞钟、万天宫看戏、琵琶山弄玄、万寿桥饮酒、金银洞戏水、王爷庙烧香等十景，令你流连忘返……

重庆旅游学院院长、重庆旅游发展研究中心主任罗兹柏教授，在重庆日报《靓丽城区·精彩乡镇》的专家点评中，强调东溪能充分立足自身的特色名镇、生态溪谷、传奇历史、多彩文化和区位优势，以"一心、两寨、三河"为重点，挖掘富有深厚本土根基与特色魅力的渝黔边情、民俗风情、传奇史情的核心竞争力，着力"文商旅"的一体化发展，强化生态观光休闲、传奇文化休闲、边情商贸休闲，具有很大的发展潜力。

清华大学国际化咨询中心首席咨询师阎旭临教授，在实地考察东溪后，为东溪所独有的自然人文景观所折服，感慨到东溪古镇之美不在镇，在乎峡谷溪水也。聆听溪水、亲近瀑布、瞭望寺庙、凭吊古道、感怀生命、畅想人生，独有古镇、古道、古寨、古树、古桥、寺庙、峡谷、瀑布等元素的集中组合展示，为当前全国所独有，如能打造得当，东溪古镇完全可以成为世界品牌。

美食。东溪自古就是川黔商埠重镇，饮食文化丰富多彩。东溪腐乳、

写生基地牌

太平寨览胜

东溪花生、东溪黑鸭、镇紫米黄瓜、五香豆腐干、黄荆豆花、米豆花、杨狗烧腊、辣椒制品等独具风味。

美树。东溪因"紫气东来，溪水长流"而得名。古道阡陌，寻常携人去，解读东溪沉浮语，深巷人家，黄葛几许。风雨处，魂系万寿残墟。可曾忆，千年梦相聚？抚一曲，把盏从头叙。东溪5000多棵千姿百态的黄葛树生态群，堪称"天下奇观"。走进东溪，你便走进了黄葛树之"王国"。春来绿意盎然，嫩芽枝黄遍身轻；夏来风清四散，行人如织好乘凉；秋来葛叶苍翠，一径美色无孤寂；冬日葛泡散落，古树傲雪发新芽。黄葛树各抱地势，各得其宜，各具情态，那真是千般婆娑，万种风情。它们有的旁逸斜出，有的参天耸立；有的盘根错节，有的虬枝交错；有的袅娜多姿，有的坚强不屈；有的豆蔻年华，有的老态龙钟；有的悬崖探险，有的溪边垂钓；还有的相拥相吻，难舍难分，富有情趣。

美酒。东溪美酒，值得拥有。桑葚美酒，补肾爽口；木菠萝酒，天长地久；古镇酒坊，粮食佳酿。利用东溪美食街和现代酒吧，品出独特的"古镇岁月"。

近年来，东溪镇党委、政府致力在保护中发展，彰显了古镇历史悠久、环境独特、民风古朴、文化丰富、技艺精妙、布局别致的特点。走进东溪，你便穿越了二千二百多年的历史风云；走进古镇，你就欣赏到唐诗宋词的优雅意境。

綦河边的东溪

千年古镇，有没有老气横秋的暮姿？有没有寂静沉冬的疲态？如果是这样的古镇，就少了许多朝气和生长之态势，那就只有了古和老，却少了吸引人眼球的古老的那种厚重和滋养慢生活的温暖。

我所说的古镇东溪，也有二千多年之历史。她建场二千二百多年，建镇一千三百多年，不过这在人类历史的进程中，仍是沧海一粟而已。

踏上古镇东溪的这片土地，却没有那种老气横秋的暮姿，没有那种寂静沉冬的疲态，那是有一种什么样的气场在支撑着呢？这种气场也许就是千年古镇的魂魄，而这历史与魂魄有什么根本上的联系呢？我在这片土地上寻找了好久，不是一天，不是一月，也不是

太平渡口

綦河边的东溪

一年，究竟是多长时间？我自己也说不清楚。

　　走在这古老而荒凉的船码头，很难找到当年依稀的繁华和忙碌，可隐藏在草丛之中的青石头铺成的小路上，那不是青石板。青石板一块块是相对平坦的，这条小路上的是凹凸不平而有些圆滑的青石头，小路上的青石头是拱上串下的，但不论是青石头，还是青石板，它们的起点都是那时而缓时而急地流淌的綦江河水，沉稳地向前流走，好像从不回头张望，也从不留念岸边的码头、岸边的青石头垒成的路。这是真的吗？至少我不相信，因为这条綦江河养育了古镇东溪，它怎么可能默默地流过古镇的每一寸土地呢？这条綦江河就是千年古镇的魂魄，保佑着千年古镇既有历史的温度，又有现代的温度，两种温度融合在一起，那才是真正的名副其实的古镇。

　　为什么綦江河绕着千年古镇而不离不弃呢？

　　綦江河，发源于万隆山老鹰嘴的一股小小的溪水，历经多少个弯多少个拐？经历了多少个山沟沟山岗岗？来到了东溪场边。这就与东溪结下了不解之缘，二千多年的不解之缘。河流不曾改变方向，东溪也不曾挪窝腾地，镇与河相守一辈子，河与镇相望一辈子，像河水一样的长长的一辈子。

綦江河，是一条英雄的河流。不要小看了这条綦江河，流到东溪场的河道不宽，却是抗日战争时期陪都重庆的一条生命和物资运输的大通道。沿着东溪场边上的河道往上溯行，也就十多里的路程，有一座不大的铁矿厂。民国时期的铁矿厂生产铁矿和矿石砂，这些铁矿和矿石砂要动用綦江河上的货船运到东溪场上的码头，那綦江河上偶尔也有百船竞发的热闹场面，一船一船的铁矿和矿石砂到码头还要转运，用大一点的船走在宽一些的河道上，再去到重庆的兵工厂需要的车间里，发挥着綦江河作为抗日战争时期运送物资通道的作用，用这些铁矿和矿石砂制造的武器去抗击侵略者，又成了一条生命通道。

那些东溪场边的码头、渡口都有着历史的印记，尽管这些印记在物质意义上已经消失，但作为精神层面上的印记永远都不会消失。现在，这儿，难得看见一只船，更不会看见一块铁矿石和一粒矿石砂，但也并不意味着綦江河在这里拐了一个弯，王爷庙边上的码头尚有一些残留的遗迹。那河岸边肯定是有码头的，岸边上的一条条青石小路，小路石头上的青苔，沙石残留在岸边的一些痕迹，

东丁河跳磴桥

这都是枯水季节才可以看到的。

　　来到千年古镇东溪，无论是古镇的哪一片土地，你都会看见綦江河，躲都是躲不掉的。一条东丁河，一条福林河，两条河走的路，也没有大的差别。东丁河是从丁山湖一路走下来的，走的路要陡峭得多，万佛峡谷像是垂直飞下，东溪农场的河水缓缓流淌，不再像赶集似的慌不择路，一路走一路看风景，那曾经的黄葛桥是如何搭建到河水上的，成为一座桥？人们从桥上过河东往河西。那座黄葛桥是二棵硕大的黄葛树的树根长得弯弯曲曲而搭理在一起的，根上的硬度和宽度是足够人们过往的，这座桥就是东丁河上的一道风景，可惜的是不但黄葛桥没有了，连黄葛树都没有，一段东丁河就这么平淡无奇，一直到了大、小金银洞，本来想奋不顾身地往下跳，来一曲瀑布狂想曲。没有办法的是有人逼着它改道，不能走自然而自由的路，沿着石头布好的局，又走了一截去推动水力发电机，虽说产生了另一种光，却又失去了另一种光芒。

福林河

那条福林河的路也是从山中出发，可要平缓一些，一路爬上乱窝窝的小石头，从小石头上滚下来，就这样一路爬一路滚，快要与东丁河相连接的那一小小的段落，是它风景最美丽的地方。河水流过的不再是一窝窝的乱石，而是一块块的巨石，石头成型是千年古镇峡谷走廊里弹出的古音，咚咚咚，咚咚咚，一路弹着去綦江河。没曾想到的，是快要走到目的地的时候，与它的兄弟东丁河相遇在太平桥前，一起奔向綦江河。这只有短短的一段路，走路的步数都数得过来，可属于这段路的风景不平常，到了綦江河的入口处，再也没有东丁河，再也没有福林河。

再见了，东丁河。

再见了，福林河。

人们能够再见的，是一条叫綦江的河流，古镇东溪边上的綦江河。

綦江河，没有绕着古镇东溪而流，更没有穿越古镇的任何一条大街和小巷，只是悄悄地绕着而离开，但这条河流给了千年古镇不同的魂魄，历史上是魂，现在是魄。一条河滋润的力量是无限的，綦江河也是如此，它不想用气势浩大的声音来证明自己的存在，即使是洪水泛滥时，也不想惊扰谁，竭尽全力地包容在自己怀中，这样流过一日又一日，一月又一月，一年又一年，保护着千年古镇的子民和他们的一草一木。

綦江河流过东溪，却不会停留在东溪。它要去的是长江，是大海。

古镇东溪则静静地蹲在綦江河边上，她要留下来，等你，等他，等我。

诗词里的东溪

任何一座千年古镇,那都是文学里的古镇,准确地说,都是诗词、歌赋里的古镇,那才是古镇说得通的古,古得有文脉,古得有诗情画意,古得有韵味。

我们的千年古镇东溪,地理位置处于四川、重庆和贵州的交界处,水运十分发达,许多文人骚客路过于此,都会留下千古绝唱,那是文字里的千古绝唱,唱红了古镇,唱绿了古镇,唱得古镇楼台凤阁炊烟袅袅,没有呛人的味道,没有引起火灾隐患的忧虑,因为那是文字里的炊烟,绕在千年古镇的每一条大街小巷,绕着每一条大街小巷里的青青石板,让古镇的大街小巷和青石板都有了文字的清新,文脉的延续。特别是古镇里的烟雨楼宇、戏台寺庙,更是在本身已经具有文化气息的基础上显示出文字的温情脉脉。这时候的文字,有一些苍白无力,却又不得不作为一种标签贴上古镇。

一篇赋用华丽的辞藻写千年古镇东溪的景色:三河环抱,山清水秀,风梳杨柳,波泛涟漪,小桥流水,古树人家,清泉乱石,古藤艳花,瓦寺临岸,木屋悬崖。五千棵黄葛树,蔽日以蓊翳,西南之最,叹为观止。近万级古盐道,入云而迤逦,汉晋已远,溯其肇始。接地川黔通百货,泊船渔火敲千扉。

哪一座千年古镇没有一篇文字来记述之?现代人用现代的生活方式和文字来还原东溪古镇的景色和人文,尽管现在的人认识的千年古镇有一丝的模糊,但对其古镇的历史都要作一些不厌其烦的看似认真的探究,看留存的一些残缺不全的建筑物只是一个方面的认

东溪飞瀑　中央美院教授黄润华　绘

遊千年古镇怡古鎮琅琊鷄市攬勝承平灘泛舟太平橋垂釣聖書院街簡書聲王爺廟進香結緣通幽曲徑三合岩南華宮拜佛朝聖寨龍吟寺外蟠龍卧觀音尋珍寶象友品香茗金銀洞孤旅 落魄辨私塾田疇寅同盟倒滿清借東溪路危雨振桌 聲書走碾書三體撫碑賀胡汪銀臣术學留法四軍 陳京慷慨詠觀陳碩蕃創諾頭汪院趙維剛從戎宜冶金 撫辰隱龍咀 憶百載豪英追昔撫今夏汛秋採礦吳舉危

古鎮長聯　半醉翁　撰并书

识，难以找出其中的真正的古镇文脉。从文字中去探究古镇的历史，某种意义上来说是一个捷径之道，这种探究，对于个人来说是一种幸福，对于古镇来说是一种历史的延伸，这种延伸是不应该停止的。

李白来过东溪吗？一直有传说是他被流放到夜郎国路过了东溪古镇。那个时候肯定不是叫东溪古镇，是一个叫丹溪的地方。可惜的是只找到一首李白写的诗歌，是大诗人没有被这儿的风景所诱惑？是大诗人没有被这儿的酒所醉惑？或者是当年的丹溪人舍不得那一坛坛的窖酒，没有人能把李白灌醉？哦，是不是丹溪人的酒量不行？总之一句话，所有人都查了各种各样的资料，用了各种方式和方法寻找遗迹，都只有一个结果，所有人都觉得是一个天大的遗憾，但有人会相信：李白可能来过就行！

丹溪一拱气霏霏，黄桷森森绿相围。
地接川黔通百货，泊船渔火敞千扉。
杏花雨润太平桥，杨柳风披客子衣。
遥指夕阳人影散，谁家官舫又来归。

找到大诗人留下的一些诗句，也算是幸运之至，后人又留下了诗歌，听说是李白路过东溪写下的感受：

盛唐营就一诗翁，豪放才情振国风。
词海波澜兴笔底，山川美景系胸中。
名传斗酒诗成快，脚踏川黔眼更空。
此日东溪寻圣迹，几番回首望青松。

后人的诗是有感而发，我们也不好评价，但至少反映了人们对于大诗人的热爱，对于文化的热爱，更多的是大诗人留下一篇墨宝，那千年古镇东溪的风景又是以这样的方式留传给后人？

清代一个诗人李楫留下了一首《晓发夜郎溪》：

鼓擂喧天日，钟声落枕长。
寒虫号未已，栖鸟韵相将。
客走空山寺，舟撑下夜郎。
幽怀犹眷恋，回首野茫茫。

唐李白题：金溪玉泉

很少有名人的诗句来赞赏这个千年古镇，至少是现存的史料中是这样，但古镇的风光还在那儿。太平桥，是紧靠綦江河的一座古老的石拱桥，对应有一个太平寨，后来的人又在綦江河上修了一座公路桥，也叫它太平庄大桥。其实，人们心目中最欣赏和赞叹的是太平桥，黄葛树成群地围着的太平桥：

石桥紧锁綦河头，
玉带横飘接玉钩。
两岸庞榕堪配景，
一条古道竟连楼。
彩虹飞架太平渡，
淡问潜涵隐泛舟。
大道广通南与北，
车来人往涌如流。

王爷庙，是古镇连接綦江河的一个垂钓佳位，几棵高大茂盛的黄葛树枝丫向四处伸展，原来的老码头是两面来水的汇合处，其目光所及的什么地方都是好风光。远看綦江河蜿蜒曲折而来，东丁河与福林河交汇在一起缓缓向綦江河流来：

王爷日夜镇江流，阅尽茫茫过往舟。
黄葛遮天归静谧，千年古道永通幽。

大、小金银洞瀑布，是东丁河在古镇的一段激情表演，那是高

低错落的力量,那是流着的水变成站着的水的力量:

> 穴辟神仙境界
> 潭通隐士泉源
> 水帘洞府隔人烟
> 钟吕时而聚散
>
> 激流飞湍溅玉
> 银河倒挂垂天
> 诗仙遭贬夜郎旋
> 见此非常眷恋

我读到了不少的关于千年古镇东溪的一些诗文,不想去刻意探究其诗文的平仄押韵,而是从这些诗文中,去读懂诗歌中的东溪景色,那就是我心中的古镇东溪。

古镇书画

守望东溪

浓浓的乡土气息，融进东溪古朴而旖旎的风景，朝夕相伴的黄葛树，依旧在相处中坚守着相濡以沫的故乡情怀。

我总在一次次守望中放飞心灵的渴望，总在一次次的追寻中变得坚韧不拔。每一轮鲜花绽放的季节，收获抑或放弃都会是生命的插曲。

守望，是一种过程，是一种执着，是一种希冀。心灵的旷野，是捧读乡情的无限节拍。仰望星光，遥想东溪太平桥码头，让往昔的繁华和着灯光的节奏，将往事一点点地点燃，漫过岁月的岸。

千年的古镇，在幽幽暗暗中变得荡气回肠。伫立于麻乡约民信

黄葛掩映下的穿斗夹房墙民居

东溪古镇夜景

局前，岁月在轮回中循环往复，如同深深浅浅的脚步，总在盐马古道上撑起一片蔚蓝色的天。

蓦然间，我看到了万天宫、南华宫、王爷庙、万寿场、草鞋市，那一副副楹联诉说着东溪的历史与文化，牵动我几多青春的梦幻……直到有一天，古镇在保护中发展，那些穿斗结构的民居、凹凸光滑的青石板，依旧是我最初的怀念。

让我沿着东溪的走向，在膜拜中坚持不懈，在歌唱中延续一种勃发的力量。

从码头中走出来的古镇，在长久的跋涉后，开始有了生命的绿洲，开始有了季节别样的风景，和风景中一串串美丽的音符。是历史带走了马帮的驼铃声，还是驼铃声走进了历史？没有人告诉我，

第一章 东溪古镇　19

时间到哪儿去了。太平桥石栏上的青苔长了一层又一层，石栏边的黄葛树长了一棵又一棵，桥头的石狮剥落了一块又一块，如同一段沧桑而动人的故事总也让我无法抗拒，一段铭记心扉的牵挂总也让我无法释怀，一段浓烈如酒的乡愁总也让我无法忘却。而今，月光的琴弦还在古镇的大水巷、小水巷中响起，掠过耳边的飞翔便有了丰盈的羽翅，隐隐约约中我聆听到远处传来深夜打更的声音，如风中的残韵，一次次撩拨着我的心事。

岁月燃烧的心，日渐苍老。被季节折断的羽翼，在每一个醒着的日子隐隐作痛，东溪的吊脚楼是怎样一种凋零，衰败了最初的誓言，让泣血黄昏的沉寂，成为河岸边唯一的风景。

漂泊的灵魂还在东溪的对岸，急促的马蹄已沿着故乡的走向奔驰而来，直抵中国历史文化名镇保护与旅游开发的顶端。蓦然回首，让我想起三国时诸葛亮派马忠南征在码头修关索桥而搁浅千年的往事，依旧徘徊在东溪历史的广阔原野。

旅途中的疲惫，沾满了岁月的尘土，我依然能听到琵琶山山坡上花草的窃窃私语，在我生命的核心独自绽放。其实，原本在东溪的眉间蕴藏着的就是一条亘古画廊，当阳光洒向太平古渡的时候，这灵魂与灵魂的相约，就已在我的心上定格，蘸满了秋天金黄色沉甸甸稻谷浓郁的气息。

走在秋收萌动的季节，锐意的思想光芒和金银洞瀑布一样壮观，宛如千年的蝴蝶，千年的爱情，穿越万水千山，停泊在我追逐不息的酣梦中。大江东去，分明有昔日金戈铁马的雄壮。而今迈步，寻找不到曾经壮怀激烈的英雄，一腔豪情便在路边悄悄安息。一串省略号之后的之后，时间的巨人在东溪驻足，又突然画了个重庆市版画特色小镇的感叹号。

我在乡情缭绕的私语中繁衍，我在彼此的心跳中感动，我挥之不去古镇颓废的忧伤，就像挥之不去的东溪故乡的情怀。

就算太平桥水码头闪烁的那盏盏渔火，依旧会成为心灵的诱惑，我仍会沿着东溪的走向，祈祷曾经属于古镇的辉煌。就算举起的酒杯，曾经错过了许多如期的盛宴，但我相信，历史文化名镇的蓝图，会为我的一片痴情徐徐展开。

魅力东溪

当万花绽放，百鸟欢歌，那些失落在东溪岸边的轻吟低唱，已经不只是一种过程。于是，我置身于这样的季节，仰望一片璀璨的星空。

读懂东溪的语言，那是机遇对挑战的呼唤；守望东溪的情怀，那是游子对家乡的思念。发展东溪的春风，那是梦想对现实的祝福。

东溪古镇

第二章 | 风云历史
FENGYUN LISHI

有人说，走进东溪，你就穿越了二千二百多年的风云历史；走进古镇，你就领略到各朝各代的重要看点。让我们一起穿过时光隧道，漫步走进夜郎古国的领地，寻觅曾消失的僚人故里，看看汉代"蛮子洞"、古驿道·关索桥、丁家湾、抗战一条街、国民党中央银行东溪分行、抗战生命线，就了解到东溪历史遗迹的丰富；想想唐代流放的诗仙李白，能感知"斗酒诗百篇"的人生快意；翻翻翼王石达开的"东溪决策"，听听刘伯承、贺龙、吴佩孚、滇黔军、北洋兵、尚书坪等的枪声，是何等的壮怀激烈；中共地下党的据点东溪中学、震惊巴蜀的东溪米案、开展的抗日救亡运动等，无不体现共产党人的远见、信念与决心。

夜郎古国

夜深人静，我独自坐在窗前，看着窗外古镇东溪的万家灯火，思绪万千。

夜郎古国在耳边一遍一遍地循环，如潮水一波一波地冲刷内心的堤岸。二千多年时间一晃就过去了，在人类历史的长河中也不算长。历史的沧桑，多少人和事，该如何记住，该如何放过，该如何跳脱，该如何不会每当想起，就无限伤感？

曾经以为自己读懂了夜郎的历史，其实，历史的长度和厚度那么多，我自己的认知不过是万千沙粒中的一颗肤浅。

当认知到了一定程度，一定会看见不一样的历史，不一样的天地，不一样的精彩。而这些，大多都是无法用语言来准确表述的。

古老的东溪，有充满异族风情的苗乡侗寨，僚人吊楼。在这里，我对夜郎本质的理解，是汉民族的祖先将夜郎的先民一步步地往西驱策的史实和这一过程中的无数的辛苦和血腥的故事，印象最深的是有关苗族服饰为什么每个分支不一样的解释。

穿过时光隧道，巡看东溪历史。东溪原本就不是汉民族生活居住的地方，回望春秋、战国时期，东溪就属于夜郎古国的地域。

查阅史载了解到，夜郎古国的臣民，大多是侗蛮、苗蛮、峒丁、峒僚，而峒有山峒、水峒的区分。山峒居住的房屋除少数是洞穴外，大多居吊脚木楼，飞檐走阁，雕龙刻凤，颇具民族特色。那东溪古道边保存的少量的传统吊脚木楼、七孔子崖汉墓群，这些都是夜郎古国曾经的历史缩影和见证。水峒，则依山傍水而居，所居

东溪古镇吊脚楼

处所，皆嵌有鱼龙花草。山峒善猎，水侗喜捞，因村落寂静，生活单一，故夜郎古国先民，大多"皆焚山而耕，所种粟豆、土烟而已"。

夜郎有悠久的历史文化，峒人语言"侗语"，如称男子为"腊曼"，女子为"腊也"。如今东溪人父母喊小男孩时仍喊"曼儿"，就是"幺儿"的昵称。这语言融入到地方文化，那是永远斩不断的血脉。

夜郎人结发为锄，善歌善舞，击节相乐。这就是著名的傩戏，俗称"傩文化"，东溪至今，在民间仍有表演傩戏的传人。小时候我常看傩戏，表演者手拿石刀、腰系芭茅，绕篝火而吟。

洪荒之初，夜郎国没有天日，一片漆黑。相传有一只大鸟在夜郎国上空叫道："唧唧怪，唧唧怪，要想云雾开，必等张姓来！"

传说，峒民中有个叫毛红的青年，听到鸟音后，跋山涉水，历尽艰辛，终于在一个遥远的地方找到了一个张姓人家。当毛红引着张姓族人来到夜郎国时，大鸟又叫开了："张姓叫作张天应，天应来，云雾开。"连叫三遍，笼罩在夜郎国上空的云雾就倏然飘散了，变成晴空万里。从此，夜郎国有了日、月、星、辰。为感激张姓族人的功德，东溪的人从那时起便大多改姓张，至今东溪的张姓仍是第一大姓，人口近万人，占全镇九分之一。

夜郎国时的东溪，风景秀丽，山色空蒙。尤以溪边柳色为最。春夏之交，柳丝垂绿，翠影婆娑，微花似雪，纤叶如眉。那一座座吊脚木楼，掩映于飘拂翠柳之间，加上黄莺婉转，竟如天籁。据传，唐代大诗人李白流放夜郎到东溪时有诗赞曰：

丹溪垂柳寻芳菲，带雨和烟翠欲飞。
寄语行人休浪折，好将春汁染春衣。

在丹溪岸边，依山傍水。岸上层楼栉比，碧波水面帆樯来往。遇集日，商贾云集，熙熙攘攘，黄童白叟，绿女红男，往来交易，其乐无穷。至夕阳西下，人流散去，欢声笑语，载满归途，好一幅怡然自乐的景致。

西汉司马迁的一篇《史记·西南夷列传》中，记述了以贵州省

太平桥半边街

境内的黔西北、黔西南及黔中部分地域为主要属地的夜郎国扑朔迷离的史事，使后人在清醒与迷糊之间徘徊。让治史者在皓首穷经中寻觅了二千多年，可谓"衣带渐宽终不悔，为伊消得人憔悴"。继《史记》之后，多少汉文献连篇累牍地在司马迁之后，对夜郎都有不同程度的追记，在沉寂的史海中不时掀起一片微澜。

夜郎灭国以后，魏晋以来，直到唐、宋，中央王朝都在原夜郎国的属地或受其影响较大的地方，或夜郎遗民聚居的地方设置夜郎郡、县，其地域由西向东转移延伸变迁，甚至到黔北、黔东和湘西。夜郎历史的文脉便蔓延浸润到当代。

古代夜郎文明，是萦绕在很多人心中的一个谜。夜郎国其疆域最大时，可达现时的四川南部和云南东部。司马迁在《史记·西南夷列传》中写道："西南夷君长以什数，夜郎最大。"其意是，"在西南少数民族众多君长国中，最大的是夜郎国。"遗憾的是，司马迁的记载过于简略，留下许多悬案，以致后世史家除东汉时代的班固在《汉书》中略增添少量可信的记载外，其余记载都显得十分迷离，令人越发难以了解真实。从清代开始，已有一代代学者力图从史籍钩沉中去解开这个历史谜团，但留下的是更多歧见和猜测。

夜郎作为一个古老的少数民族国度，是"西南夷"中最为著名的一个方国或部落联盟。夜郎文化与周边几乎同期发端的楚文化、巴蜀文化，同为中华民族灿烂文明的有机组成部分，具有独特的历史价值和人文价值。夜郎国尽管消失了，但夜郎人的住房、发型、服饰、婚俗、葬式、饮食、节日、风俗等，在东溪的民俗风情中均可觅到踪迹。

风东来西去，客南来北往。风任你多大，夜郎文化传承不倒；客任你多高，要进夜郎的老屋须得弯腰。荒芜中，废墟上，夜郎人以血汗铸就了老屋的根基，不是红砖碧瓦，也无庭院深深，茅草、麦草和谷草，把篱笆墙围成的老屋，包裹得风雨不透，让我们在老屋里，触到文脉如山，感知历史似海。岁月多艰难，生活多艰辛，我们却把文化传承。

僚人故里

一条千年古道，从太平桥沿赶水方向延伸至贵州。一条发源于石壕神鹰峰山下的綦江河，奔流至太平桥形成川黔交界的一个货物集散的水码头。距码头50米处，在古朴的黄葛树丛中，至今仍耸立着4块南平僚石碑，即僚人碑，每块高2.4米，宽1.2米。其中有两块碑形基本完整，有一块已断裂三分之一，另一块已断裂四分之一。通过那石碑上方的山字帽装饰，仍可想象当年的雄伟与庄严。石碑上面，曾刻有"汉高帝元年"字样，其他文字为僚人祖先创造的线条弯曲字形的文字。历经二千多年的风霜雨雪，字迹全部风化剥落，成了沧桑的无字碑。我们只有从碑文曾经留下的拓片，解读僚人故里的文化与习俗。

要说得清这4块石碑，那还得从古镇的历史讲起。

东溪春秋战国时期叫夜溪，汉代时期叫夜溪河。后来汉、唐两代时期，僚人迁徙来夜郎流域，即现在的綦江河流域东溪镇定居，时间长了，人们就称他们为南平僚人。

四川同贵州、云南周边毗邻，古往今来文化相融，一条盐马古道穿越山脉河流，把几地的文脉串连起来。《重庆府史》和《綦江县志》记载，汉代僚人迁到东溪万寿场，唐盛时期，对僚人实行残忍的羁縻政策，封僚人王才进为宣慰史，实行僚人治僚，僚人过着仆役和奴婢的生活。北宋时期，东溪地区僚人宣慰史王才进死后，僚人无一统领，部分僚人分裂，纷纷起来抗争命运，继而反叛。朝廷命熊本讨伐安抚，带兵进驻万寿场水码头，对当地居住的僚人予以讨伐。僚人的命运从此发生了改变，被迫迁徙出这个生活了很久的地方。从历史上的一些考证资料分析来看，东溪古镇居住的僚人后来迁往了贵州、云南等地，那里生活的傣族人其祖先就有可能是在东溪古镇生活过的僚人。

东溪留存的4块石碑，就有我想看见的文字，可惜的是那些很久以前看见的文字也很少，从字面上看不出什么名堂，大部分的文字已经脱落。游人和过客更是搞不明白，短短的时间怎么来探究历史呢？生活的原住民也只是在古镇的历史中略知一二，那些有着丰富的考古经验的专业人员也只是依靠某些现存的古迹和散存的资料，运用某些手段来推理，这儿曾经是僚人生活过的地方。

我不是一个喜欢追根问底的历史学爱好者，也不是一个看见了古迹却又不去询问历史的人。那些南平僚石碑就在我的面前，特别是在荒草丛中发现它的时候，我真不敢相信，这就是传说中的南平僚碑，而今一个字也看不见，摸一摸，那也有一种冰凉凉的感觉，但这一种冰凉又不是透心凉，尚有一种暖暖的家的温度。

2012年5月5日，泰国史学家巴塞到东溪南平僚碑前辨认残存的文字

每一块石碑高和宽是一样的，碑上一个字也看不见了，肯定不是没有文字，这是能够揣摩出来的。碑的表面也不是一展平平的，有一些凹凸不平，凹凸的差距也不是那么大，也许那点点的凹就是文字的烙印。不过，我也想过，那些僚人的文字真的存在的话，大家也不一定认识，可也有了争论、揣摩、研究的机会，给游人以遐想的余地。

南平僚碑，就在我的旁边，碑前是一块平整却又荒草乱生的坝子，原本是留给游人看石碑的。由于看的人少，脚印掩盖不了荒草。我一块一块地看过摸过，想不到的是，有一块石碑的一角与其他石碑是不一样的，黝黑黝黑的石碑一角是明显与别的地方颜色不同，原来是好心办了错事。当年为了保护这几块石碑，要找一个地方刻上保护的文字，让当地的老百姓也知道，不能随便破坏它，可找来找去，居然想出一个馊主意，就在石碑的某一角落上刻上文字，再用薄膜胶封上。人们倒是知道了这4块石碑与其他的不一样，不要去乱碰，更不要去乱刻乱画。可人们惊讶的是，这样子刻上去的文字和封上的薄膜胶怪怪的，已经不像是一块完整的石碑，人们的画蛇添足岂不知这是多此一举，破坏文物。我们也无法去对这一份保护之心予以过多的指责，况且也是出自好意，只不过，愿这样的事不再发生。

  南平獠碑，蕴含着獠人在东溪生活的一段不平凡的历史，那是所有人都不能置疑的。南平獠人、南平獠故里，是古镇的一个历史印记。

传统的獠人舞蹈

汉代"蛮子洞"

小时候，每当我们追问这些"山洞"的故事时，家里的长辈总是神秘地告诉我们，那是"蛮子洞"，有的是崖墓，有的是土匪窝，而我们东溪居然有20多座"蛮子洞"。而这些"蛮子洞"的背后，又有着怎样的故事呢？

每当看到这些隐秘的"山洞"时，总是令人充满了无数的疑

东溪七孔子蛮子洞

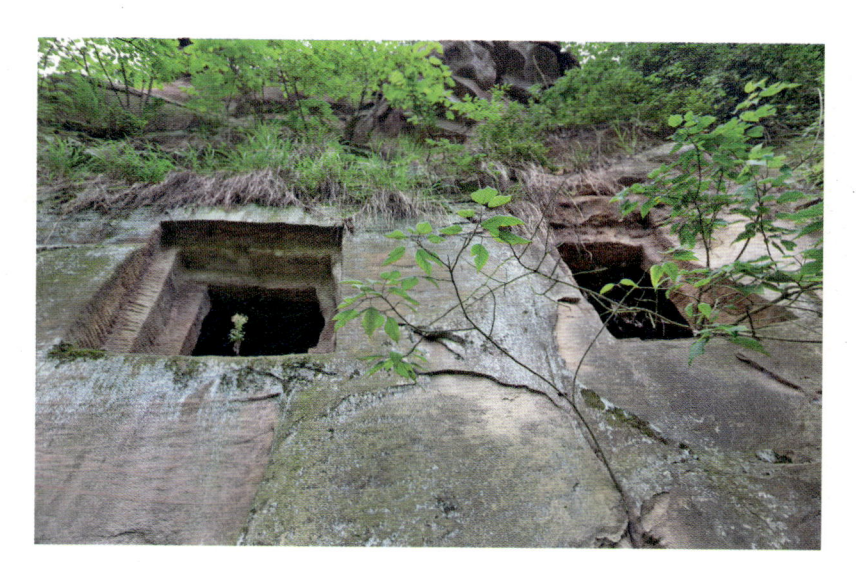

东溪上书蛮子洞

问，到底这些洞是怎么来的呢？

关于"蛮子洞"，有这样一个传说。很久以前，山上有一个怪物，人们叫它"蛮子"。每到晚上，蛮子便会到村子里去找吃的东西。村里的小孩子都特别怕它，所以一到晚上，全都不声不响地睡下，不敢调皮。其实，蛮子从来不会伤害人。有时候，大人们还会专门把一些食物放在门口，留给蛮子拿去吃。蛮子没有房屋，就住在石洞中，因此人们就把蛮子住的洞叫"蛮子洞"了。

"蛮子洞"的主人，到底是谁呢？其实，关于"蛮子洞"的主人，有三个说法，一说是古人躲避蛮子的避难所，二说是古时候的崖葬群，三说是僚人的生活住所。

那么，这些"蛮子洞"又是怎么开凿的呢？

在河岸大山中坚硬的崖壁上，要开凿有规则的洞窟，在当时无疑是具有相当大的难度。有的洞窟达百平方米，俨然是一个很大的客厅，因而必须有良好的工具才行。

在春秋、战国时期，东溪就有僰人居住，他们以捕鱼、打猎为生，其中不少集中居住在僰溪河、福林河流域，两岸的岩壁和大石上有很多他们遗留下来的穴居、崖墓，被当地人称为"蛮子洞"。

僰人，是汉代以前生活在巴蜀南部山区的一支少数民族，川南

第二章 风云历史 33

宜宾一带曾建立过僰人的家园，他们生活于荆棘丛林之中，被称为披荆斩棘之人，所以"僰"字就是在"人"字上加个"棘"字。

僰人，习惯于在岩壁上凿穴居住。死后，在岩壁上凿穴置棺，形成穴居、崖墓，或将棺木悬于岩壁，形成悬棺。他们这样做，是希望后人兴旺发达。

汉代以后，僰人被称为僚人。无论是僰人时期还是僚人时期，他们在岩壁上和大石上的居穴和墓穴的洞室口，都是面对着江河的。洞室周围，刻画了人物、虎、马、鸟、昆虫、玄武图、叶脉纹、纪年题记等，洞室内刻有菱线纹、植物树叶等图案，线纹装饰华丽，纹式丰富。

东溪福林河七孔子崖处，有两组共20个汉代时期的僰人崖墓群，有横穴棺、立穴棺两种。过去当地人把这些洞穴称为"蛮子洞"。

东溪僰人穴居、崖墓文化，是巴渝文化的一个重要组成部分。僰人穴居、崖墓文化遗址，是古镇东溪十分珍贵的一道人文景观。

曾经的"蛮子洞"，已经没有了当年的模样与作用，只是历史长河中僚人的一段残存的记忆。如果你对"蛮子洞"、僚人文化情有独钟，那请到东溪实地考察、挖掘，或许会有意想不到的收获。

古驿道·关索桥

走在东溪的古道上，东溪依然那么苍茫，岁月已冲淡了码头的热闹，长河落日的景象仍浮现，历史的光芒已经黯淡。荒芜的石板路上，驼铃声远，成群的黄葛树在迎风飘扬。

走在东溪的古道上，东溪依然那么雄壮，如刚发生过一场激战，浓浓硝烟还没有尽散，战马还在嘶叫，旌旗尚在飘扬。

走在东溪的古道上，在荒废中站成松柏的姿态，我想用脚步震响时空的回声，穿透东溪的岸边，跨越历史的天空，跟随你的脚步，沿着古道一路进发。

东溪的繁华，源于水陆交通要冲，是陆路和水路的中转站。从东溪通往外地，或外地通过东溪境的古驿道有两条，即川黔古驿道和綦习古驿道。

川黔古驿道，据清道光版《綦江县志》载，蜀汉时关索、马忠奉命南征，从江津附近渡过长江，由北进入綦江境内，一边开山筑路，一边前进时修建道路，距今1700多年了。

蜀汉章武三年（223年），刘备讨伐东吴失败而死于白帝城，刘禅继位，诸葛亮掌管蜀汉军政大权。

建兴元年（223年），南方的益州郡豪强雍闿叛蜀降吴，并且引诱煽动益州郡孟获等反叛蜀汉，杀了蜀汉派去的官员，拒绝接受蜀汉的政令。诸葛亮多次派人劝降，均遭拒绝，便决定武力征讨之。

建兴三年（225年）春，诸葛亮亲率大军沿岷江而下，至僰道（今宜宾）后兵分三路：大将李恢率中路军从平夷（今贵州毕节）

东溪盐马古道

向益州郡进发，诸葛亮亲自率领兵马经官上（四川屏山）沿金沙江进发；左路军即由马忠、关索率大军渡过长江，往南进攻进驻东溪，并在王爷庙右侧修建一桥名叫瓮渡桥，也叫关索桥。因当时太平桥这段河叫瓮渡河。这桥当时就成了蜀军在东溪的重要的军事设施，也方便了当时百姓过河的往来，西晋末年被洪水冲坏坍塌。

清《一统志》中，有疑"帅"与"索"通，因此"帅"为"索"的说法。不管关"索"与关"帅"都归汉时事实，可见这条古驿道，历史久远。《读史方舆纪要》云："云南之门户有四：一曰间道，由重庆七驿至遵义，又六驿于贵州，所谓间道也。诸葛武侯遣马忠，关索分道南征。"此说当必有据，可见此传不会虚妄。

在王爷庙对面河中心"神石"侧附近，现在还遗存有多处桥址。三泰栈（太平桥12号旁边）有多块石碑，就是历次修桥所立，遗憾的是，关于石碑的文字，现在一字无存。只有旧《县志》上录有只言片语，从中读到了"瓮渡河"的旧名。

据《罗氏家谱》载，皂角树（承平滩2号）原名"瓮渡碥"，此名更进一步证明东溪悠久的历史，千年古镇名副其实。

川黔古驿道走向，由重庆通往贵阳，全长991华里。县境内，从巴县天桥入境，经号房、古南镇、桥河、马口垭、鱼梁河、分水岭、镇紫街、东溪、赶水、太公铺、九盘子、大水井、观音桥、羊角脑，与红稗土接黔境，长219华里。西汉、东汉、三国、两晋、南北朝、唐、宋、元、明、清至解放前，商贸、行旅、马帮，均由此道往返重庆、贵阳、昆明等地。川黔公路和川黔铁路建成通车后，川黔古驿道不再是川黔交通干线。

綦习古道，由綦江县城至贵州习水县之温水场，全长180华里。县境内自县城起，沿川黔古道至东溪，经福林、土台、铺子坳、打通垭、木坡台、石壕、李汉坝至犁园坝接黔境，长150华里。山区百姓所需的布匹、棉纱、盐巴、食糖等，全靠人力由綦江、东溪、赶水运去，而贵州省习水县及綦江石壕之山货、土产也用人力运于赶水、东溪等地出售。1959年，张家坝至温水公路通车后，此路被取而代之，古道功能消失。

东溪残存的古道，历经二千二百多年沧海桑田。在盐、茶、马

东溪盐马古道 刘天勇 绘

等市场交易的漫长岁月中，商人们以马为主要交通工具，以马帮为运输团队，一复一日，一步一印，风雨兼程，踏出了一条崎岖绵延的古道，开辟了一条通往川、贵、云的经贸之路。

古道上，清悠的铃声和奔波的马蹄声，是千百年山林深谷的烙印，造就了经商者讲信用、重义气的性格，锻炼了他们明辨是非的勇气和能力。他们既是贸易经商的生意人，也是行走古道的探险家。

古道原本就是一条人与自然、人与生存的超越之路。二千二百多年过去了，盐马古道上成群结队的马帮不见了，清脆悠扬的驼铃声也成了永远的记忆。然而，留印在盐马古道上的烙印，却凝集了崇高创业精神的精髓。

东溪保存完好的盐马古道，是盐茶文化的历史见证，有民谣曰："正二三，雪封山；四五六，淋得哭；七八九，稍好走；十冬腊，学狗爬。"这见证着盐马古道上行路的艰辛。

现在，当你走在青石板铺就的东溪盐马古道上时，当年马帮风雨兼程的情景便会在大脑里升华，在现实与想象中感受历史，品味人文精神。

李白·夜郎·东溪

东溪大金银洞瀑布，自古以来就是一道诗情画意的景观。每当丰水时节，就有"飞流直下三千尺"之壮观。瀑布飞落深潭，激起水花如烟如雾，在阳光照射下会出现七色彩虹，是人们休闲旅游的好去处。

据传，"一生喜入名山游"的李白曾在观赏东溪大金银洞瀑布时，欣然在其左侧一圆形大石上题刻"金溪玉泉"四个大字，至今仍可辨认。这是诗仙游兴正浓时对大金银洞景致的盛赞。

我们知道，李白是一位放荡不羁的诗人，有浪漫主义的情怀，一辈子不愿意受到世俗的束缚，也正是没有这种束缚，才使得李白在写作诗歌时，完全不会拘泥于任何的条条框框。从这"金溪玉泉"中便是可以看得出来，他把东溪喻作了如黄金那么贵重，也可理解为当时诗人正好在红日初升时看到金银洞飞瀑如泻的壮观，瀑布在阳光的照耀下，呈一片金色，蔚为大观。再一仔细欣赏瀑布下的深潭，清绿如玉，水中游鱼点点，如诗如画。

唐代李白，因永王李璘谋逆而受牵连入狱，导致他被长期流放夜郎国。李白从至德二年春获罪，当年年末判流，乾元元年初起程赴流放地，溯长江至江夏折走岳阳，经湖南境内入黔境，跨乌江至遵义上夜郎县境，至乾元二年秋间到达夜郎。又于上元元年夏获赦，北上今川境，顺长江而下，返回原地，起讫两年零七个月。也就是说，李白流放夜郎，对夜郎地域的历史、社会、文化产生了深远的影响，至今仍不衰减。

唐李白行吟

　　《全唐诗》和清王琦编注的《李白全集》中，收录有李白所作关于夜郎的全部诗作。仅《李白全集》中就收录了李白被流放夜郎的诗作32首。比如："三载夜郎还，于兹炼金骨""传闻赦旨至，却放夜郎同""昔放三湘去，今还万死余""万里南迁夜郎国，三年归及长风沙""我窜三巴九千里""天地再新法令宽，夜郎迁客带霜寒""去国愁夜郎，投身穷荒谷，半道雪屯蒙，旷如鸟出笼""我寄愁心与明月，随风直到夜郎西""去岁左迁夜郎道，琉璃砚水长枯杭，今年敕放巫山阳，蛟龙笔翰生辉光""汉酺闻奏钧天乐，愿得风吹到夜郎""夜郎天外怨离居，明月楼中音信疏，北雁春归看欲尽，南来不得豫章书"等等，这些沉痛、苦不堪言的诗句，就是才高八斗，狂放豪迈的诗仙李白流放在夜郎古国的心灵流露与生活的真实写照。于是有诗曰：

　　　　盛唐营就一诗翁，豪放才情振国风。
　　　　词海波澜兴笔底，山川美景系胸中。

第二章　风云历史　41

唐李白曾赞大金银洞瀑布为金溪玉泉

名传斗酒诗成快，脚踏川黔眼更空。
此日东溪寻圣迹，几番回首望青松。

相传，在东溪龙华寺右侧，曾建有七层高的"太白楼"，是李白游东溪时曾登临观景的地方。

李白诗中有30多处都写了与夜郎相关的诗句，这说明了他曾到夜郎的事实。而许多史学家，则认为李白未到过夜郎，争论不断不休。我不是史学家，我不会去深究李白来过夜郎与否，来过东溪与否。说实话，只有天知和他自知。他是唐朝最伟大的诗人之一，前无古人，后无来者。他的很多诗作，对于后世的影响，可以说是相当的深远。各个朝代的大文豪对李白，都有过高度的评价。

李白泉下有知，人们对你是否到夜郎的疑虑，或许让你感到十分委屈与荒唐可笑，比你的"白发三千丈"诗句还夸张……

翼王石达开"东溪决策"

东溪有一座山叫牛心山，山麓有一座岩叫观音岩，观音岩的右下边有一个湾叫丁家湾，太平天国翼王石达升就曾在丁家湾作出一个军事部署的决策，史称"东溪决策"。虽一百多年过去了，但在清代军事史上，綦江地方志中，东溪百姓口里，仍有记载和流传。

《东溪赋》中曰："天国翼王，设帐丁家湾，攻成都筹诸决策。"翼王石达开广西省贵县人，其父昌奎，家事务农。道光二十九年（1849年）间，石达开同洪秀全等，在广西举旗起义，号"太平天国"，众推洪秀全为首，称天德王，石达开为翼王，其次杨秀清、

石达开入川题刻（资料图）

石达开石刻

肖朝贵、韦昌辉、冯云山等称东、南、西、北王。

太平军由粤西全州出发，攻武昌、安徽江宁等东南数省，后攻下江苏省南京（时称天京），定都天京。咸丰六年，太平天国领导集团发生内讧，东、南、西、北王相互残杀，洪秀全邀请翼王石达开提理政务，后来由安王、福王加以挟制，石达开对洪秀全的疑忌深为不满，惧怕天王洪秀全杀害，是年七月率精兵40万人，离开天京远征，经浙江、闽、赣、湘、桂、黔、滇、川等省，三攻綦城二占东溪。清同治二年（1863年），清将欲劝石达开投降，认为石达开微贱无根，不能成就大事。石达开赋诗云："支源九体无根脉，刘裕当年田舍翁。"又云："西南半壁有啼滚，解救民众信如松。"这表明石达开起义有抱负和信心，起义为人民，不计个人得失。

咸丰十年（1860年），翼王率军从广西庆远府入黔西北，派副将宰辅、赖裕新率军2万余人，从黔西仁怀、温水入川至石壕场。七月下旬，太平军攻占东溪，以此为据点，打造船只，顺河而下攻綦江，遭到守城军和地方团练堵截失利，而转而入湘。同治元年（1862年）农历正月十九日，翼王亲率大军入川，沿江而上至涪陵，因长江天险，太平军无法过江攻占重庆，只好改道再攻綦江。二十五日，翼王亲率中军抵达綦城对岸石佛岗，分兵三路，从东、南、北三面攻打綦城，阵前军旗猎猎，鼓角争鸣，喊杀声此起彼伏，双方战斗甚为激烈。历时半月，太平军久攻不下，只好由江津、南川两地撤退，向叙水、长宁进发。

1862年7月25日，翼王石达开率军10万，三攻綦城不下，经升坪、永新、三会、分水直奔东溪，大本营驻观音岩山麓丁家湾处。石达开在东溪丁家湾大本营内和太平军各路将领，共同商议制订了进攻成都的军事计划，决定兵分四路：宰辅、赖裕新、李福猷各率军10万为一、二、三路军，从清军防守薄弱的地方贵州绕道云南渡过金沙江。翼王亲率大本营军10万为第四路军，向川南进攻，约期三个月后在金沙江北岸的木川会师，共取成都，成就伟业。

1862年8月9日，翼王为保存太平军有生力量，实现"东溪决策"，毅然拔营离开东溪，经石壕、夜郎，达遵义，但遭到川军总督骆秉章和湘军的围追堵截，太平军数万被俘，翼王只好率三万残

丁家湾旧址

太平军攻打琵琶寨大寨门旧址

军向大渡河挺进。到大渡河时，正是涨水时节，大渡河河水咆哮，一片汪洋，太平军无路可走，此时，清军又达北岸阻击。1863年4月12日，翼王为保仅存的三万多将士性命，自愿受降，后被四川总督骆秉章杀害，就义于成都。

  时间流逝，硝烟遁去。东溪这个历史上的军事重镇，有多少战事在这里发生，有无数生灵惨遭涂炭。看到丁家湾的断墙残瓦，琵琶山的古旧城门、烽火炮台，令人万千感慨。

吴佩孚驻东溪

东溪二千多年的历史，血脉靠文人来承载，明善书院，便是催生文人墨客的主要场所。走到东溪抗战文化街中段的一个出入口，往里走就是书院街巷子，拾级而上便是现在的书院街小学。一百多年前，这里是陈家开办的明善书院。现在已看不到书院的模样，只留下一些断壁残垣，仿佛昭示着书院的沧桑。很有意思的是这座书院不仅住文人，而且也住武人。这武人是谁呢？武人名叫吴佩孚。

吴佩孚，是直系军阀中权倾一方的人物。民国五年（1916年），身为北洋军第四旅混成旅旅长，吴佩孚率部进驻东溪时，就住入了东溪明善书院。

吴佩孚部所携饷款系"四省通用券"，在东溪市场上遭到民众拒用，造成东溪罢市。吴佩孚为解决军费开支，不得不求助于东溪豪绅夏华清。夏华清遂以东溪保长的名义，印制一批钱荒救急券兑换使用，深得吴佩孚欢心。

吴佩孚

民国十年（1921年），吴佩孚在河南洛阳，夏奠言去吴部准备找点事做，吴知道夏才能平平，虽是拜的干儿子，只安排他当了个秘书，但夏却想过把洛阳县长的瘾，吴佩孚在他的申请书上速批

"洛民何辜"四个字，断了他的念头。

过了两年，夏又请求任团长职务，在申请书上说："儿子请缨亲率一团之师，赴前线平两广，将来班师凯旋，一定解甲归田，以养鸟自娱。"吴佩孚又速批五个字"先养鸟再说！"

民国十四年（1925年），夏只好离开吴回綦江，担任了綦江县团练局局长。

这里把时光倒流，话说民国五年（1916年），蔡锷组织"护国军"讨伐袁世凯。袁世凯令曹锟、张敬尧、李长泰率部沿长江入川，清剿蔡锷"护国军"。为了拦截出川讨袁的滇军，曹锟把最精锐的吴佩孚第四混成旅派驻綦江南部重镇东溪。

吴佩孚进驻东溪后，把东溪书院建成了临时军事指挥部。北洋军在东溪时，所携饷款全系"四省通用券"，故无法在东溪通用。部队军营及士兵，在东溪市场上购买不到任何东西。加之东溪连年兵匪祸害，物价极不稳定，因而川黔两省许多市场多用实物交易。当时交换，以洋纱、谷物为主。

当时，东溪市场上使用的是制钱、银元，民众拒用吴佩孚带来的"四省通用券"。东溪商会，组织商人纷纷罢市。

为解决钱荒问题，吴佩孚特别邀请了东溪镇豪绅夏华清出面调

吴佩孚驻东溪指挥部明善书院旧址，现为书院街小学

停。发行"钱荒救济券",面额有一佰文、伍拾文、贰拾文、壹拾文四种,图形各异,均为长方形,长八厘米、宽四厘米。

于是东溪区公所发布公告,宣布使用"钱荒救济券"。"钱荒救济券"由商会总办夏华清盖上私章,交北洋军作货币使用。白天在东溪市场上交易,购买货物,晚上各商号将"钱荒救济券"汇集起来交夏华清,夏再向北洋军换绅票、招票,由此平息了东溪商人的罢市风潮。

吴佩孚在东溪发行"钱荒救济券",长达一年多,为此解决了北洋军庞大的军费开支,使北洋军得以在东溪驻扎下来。

从此,吴、夏两家关系密切,夏华清让其子夏奠言拜吴佩孚做干爹,与吴佩孚称兄道弟,成了干亲家。

民国五年(1916年)五月,袁世凯在全国人民反对声中去世,北洋兵第四混成旅吴佩孚部退出东溪镇,经南川去了湖南。

民国十年(1921年),夏奠言随其父去河南洛阳拜访吴佩孚,吴佩孚感其夏华清父子当年之恩之情,只给其安排了做机要秘书之职,并没有委以重用。这也说明,虽在乱世之中,吴佩孚大权在握,但在用人上,仍奉行任人唯贤的原则,从他对夏奠言申请的妙批中可见一斑。可敬,可叹!

回想吴佩孚住明善书院,也自有其道理。他身为武人,但也有文人的学识与情怀。

滇黔军与北洋兵在东溪之战

东溪地势险要,沟壑纵横,山高林密,异峰突起,一直是屯兵作战之地。民国时期,滇黔军与北洋兵就在这里展开激战。

那是民国五年(1916年)一月一日,蔡锷兴兵讨伐袁世凯。五日,袁世凯派北洋兵入川,是月下旬,部分兵力直达綦江。一月二十七日,贵州宣布独立,黔军编入滇黔联军,由护国军第一军右翼总司令戴戡,指挥原驻松坎的第五团团长熊其勋率领五、六两团共6个营,计2000余人浩浩荡荡入川。

二月十一日夜,黔军在松坎兵分三路同时向驻在綦江境内的北

北洋军阀

草坪垭战场旧址

洋兵发起进攻。第一路由团长熊其勋率领，从九盘关进攻马口垭；第二路由副团长胡忠、营长黄道彬率领，从燕石坎进攻青羊市；第三路由支队长卢汉臣、参谋长熊逸濒、营长张三元率领，从狮溪口进攻顶箐。

军队出征初战，三路皆捷，俘北洋兵128人，伤毙者800多人。十五日达马口垭，前锋直抵桥河。十七日，滇军参谋长殷承献奉令率华封歌的滇军第四团入川参战。

蔡锷电令黔军速下綦江，回攻江津。殊不知北洋兵1000多人已由江津开往龙台寺防守。

当一部分黔军抵达该地，就遭到了北洋兵的阻击。黔军寡不敌众，全军覆没。胡忠相急调驻东溪之兵赴分水岭防御。二十七日，滇黔军召开前敌会议，讨论决定"暂退东溪，缩小范围，聚集力量，防守攻击"，三月一日退守东溪。

三月四日，黔军熊其勋与滇军参谋长殷承献决定：熊其勋主右

第二章 风云历史 51

路防南川，滇军华团长防中路向綦江，袁昌廷主左路防江津，以图进取。

五日与北洋兵在东溪盖石刘罗坪开战，击毙北洋兵 200 余人，夺得快枪 50 支，子弹 83 箱，并占领石岚垭、上坪、二屯寨三处，逼北洋兵退缩于刘罗坪小二寨门，数日不敢出战。

八日，黔军以义勇队陶温牛排出扶坝诱之，北洋军大开寨门，蜂拥奔下，将陶排围困。

黔军五团一营又将北洋兵包围，寨上之北洋兵一齐出动互相包裹五六层混战，结果黔军败退东溪草坪垭。

九日，北洋兵追至草坪垭，激战一夜，黔军取胜，击毙北洋兵 300 余人，缴获长短枪 350 支，子弹 12000 发。

十六日，滇黔军按蔡锷电示，为免腹背受敌，开始后撤。三月下旬，袁世凯被迫取消帝制，双方形成停战局面。袁世凯死后，北洋兵于 6 月初撤离东溪。

民国的战火，远离我们百多年了。现代的人们，只能通过电影、电视，看到那枪林弹雨、血雨腥风的画面。我们应该深感和平年代的安宁与幸福。

尚书坪之战

东溪是个人杰地灵、人才辈出之地，一直以陈、罗、夏三大家族为名门望族。民间流传着这样三句话："陈家有田、罗家有钱、夏家有权。"

清康熙四十八年（1709年）农历九月，东溪里龙潭保，即现在东溪镇尚书村的陈氏家族中，有个秀才名叫陈登科，赴京赶考，名列头甲探花，后官至礼部尚书。年老还乡，去世后葬于东溪一平坦之地，故名尚书坪。

民国三十五年（1946年）八月，贵州省第五行政督察专员兼保

正在行军的国民革命军

尚书坪之战旧址

安司令和四川省古蔺县政府,分别以代电形式致函綦江县政府县长赵宗炜,称:"匪首陈占荣、陈瑞祥人枪200余,由滇、黔边境窜入仁怀、赤水、习水、古蔺等县境内,服装整齐,械弹充足……请派队防堵,以期围歼。"

八月二十二日,陈占荣率匪徒由贵州境内窜入綦江之东溪。

八月二十四日,綦江县政府命令第二区署(东溪)代理区长魏朗轩防堵。同时,命令县保安警察中队长黎九皋率队进驻东溪,并调遣各有关团防到东溪堵截。

是日,县府还致函青年远征陆军第二〇二师司令部,请派部队围剿陈匪。

八月二十六日,綦江县政府决定,在东溪成立指挥所。东溪指挥所由魏朗轩和黎九皋任正副指挥,指挥范围是:石壕、土台、安稳、羊角、赶水、东溪、藻渡、镇紫、分水、郭扶等乡镇。同时,县政府又代电致函重庆警备司令部,请求派队驻防綦江。之后,川黔两省的津、綦、习、桐成立四县防剿指挥部。

九月,陈匪公开在川黔公路上抢劫客车。

十月二十日，东溪指挥所一面以罗绍云、杨昌学为内应，将陈匪诱入东溪尚书坪休息，一面会同陆军第十八师八十五旅二五三团加强第七连率领地方自卫武装到尚书坪围剿。

十月二十一日拂晓，魏朗轩率队对驻扎在尚书坪的陈匪发起围攻。殊不知该匪武装精良，人员强悍，集中机枪、冲锋枪及各种长、短枪和大刀猛力突围。在兵匪血肉相搏之中，代理区长魏朗轩、加强连指导员张本青、东溪自卫队分队长张秋澄及18名士兵中弹阵亡，另有6名士兵受伤。军方当场击毙匪徒2人，击伤匪徒60多人，其中匪首陈占荣手、腿部受伤，缴获匪枪5支，子弹385发。

陈匪突围后，在逃窜中，沿途遭到民团堵截，匪首陈占荣于十一月在贵州境内被捕，后在重庆被枪决。

现在的尚书坪，四周树木葱茏、杂草丛生，残存的尚书墓石块，更显沧海桑田，再已看不到一点儿战争的硝烟与血腥。每当春夏之际，草丛中常盛开着许多不知名的野白花，或许是对往昔阵亡战士的一种祭祀……

陈尚书之墓残存的石块

东溪米案[1]

太平桥码头，昔日的繁华不再。没有了码头依山而建的鳞次栉比的吊脚楼，没有了码头长长的石梯与川流不息的人群，没有了停靠在沿河两岸船只和艄公划船号子……许多的许多都消失了，不过坚固的太平桥还在，高大的黄葛树还在，奔腾的綦江河还在，或许它们还能清楚地记得在这里发生的"东溪米案"。

民国十五年（1926年）四月十一日，东溪镇数百名劳苦民众，在四川省委地下党书记杨闇公的有效组织领导下，爆发了一场声势浩大的阻米出境的暴动。它虽遭到了军阀、地主的残酷镇压，但也沉重地打击了军阀、地主阶级的嚣张气焰。这一闻名全川的流血事件，史称"东溪米案"。

民国初年以来，军阀割据，战乱频繁，县境兵来匪去，兵去匪来，劫掠骚扰，乡镇地主豪绅又借乡保办团为名，蹂躏百姓，在兵、匪、团三位一体交替压榨下，民不聊生已达极点。

东溪一带，连续三年遭受兵灾、匪灾，田土荒芜，人民困苦。

民国十四年（1925年），复遭春旱，小春无收，地主粮商乘机囤积居奇，使市场上米价陡涨。

杨闇公

---

[1] 綦江区政协主编：《綦江街镇历史文化丛书—古镇东溪》，湖南地图出版社2013年12月第一版。

危石顽

农历四月，斗米（计三十二斤），售价高达银元七元。劳动人民无以为生，举室嗷嗷，流离失所，因食观音土鼓腹而死者，随处可见。

据当时不完全统计，先后因饥饿而死者，不下一二千人。是年腊月二十九日，几家自称慈善家的地主，为了沽名钓誉，笼络民心，在牛王庙施粥厂施放年米。

数千名饥民闻风从周围数十里外扶老携幼赶来，集聚于牛王庙广场，因领米相互践踏而死者，竟达三十六人。其中有一孕妇腹内胎儿亦被踏裂出来，尸群狼藉，惨不忍睹。

可是，在东溪镇灾情十分严重的时候，以夏奠言为主的地主、粮商，竟勾结贵州军阀周西成狼狈为奸，以购买军米为名，大搞走私贩运，从东溪买米到贵州，又从贵州购买鸦片烟回东溪，两头牟取暴利。

民国十五年（1926年）初，市场上米价又复上涨，甚至无米上市，民众愤恨不能遏止。

民国十四年（1925年）冬，根据四川省委地下党书记杨闇公指示，中国共产綦江县特别支部成立。随即在全县开展了群众运动，掀起反帝反封建的革命浪潮。

中共綦江县特支决定，以东溪为反封建斗争的重点，并于民国十五年（1926年）春，派遣共产党员危直士（危石顽）、霍绍文（郝谦）到东溪组建区委，发动群众开展斗争。

危、霍二人到东溪后，以东溪男高等小学教员为公开职业，并与左派国民党东溪区党部负责人田斗寅联系，邀约其他社会阶层中比较开明的人士组成"綦江县公民会东溪分会"。

通过这个群众组织，开展了公开的活动。一方面以各种会议向政府呼吁，并张贴了"綦江公民会"禁运米粮出境的布告；一方面组织学生上街宣传，号召人民群众起来监督执行布告的主张，以约

1925年东溪牛王庙饥民

制粮食涨风，减轻饥情的发展。

然而，以夏奠言为主的地主豪绅，不顾人民群众的反抗，反而变本加厉，使阶级矛盾激化，终于导致了东溪阻米事件的爆发。

民国十五年（1926年）四月一日中午，一个在太平桥水碾坊碾米的工人，来东溪男高等小学找公民会（会址设在该校）报告："自公民会禁运粮食以来，一些地主绅粮，特别是夏奠言反而与军阀勾结更紧。几家碾坊又办好几十石米，等到晚上半夜就要装船运往贵州，希望公民会设法阻止。"

危直士听后，立即同霍绍文商量，他们根据省、市和中共綦江县特支的指示，决定趁此时机，狠狠打击地主军阀，发展革命形势。

他们一面布置学生会组织一批积极分子上街宣传，揭露土豪劣绅勾结军阀贩米走私危害人民的罪行，号召全镇人民团结起来进行斗争；一面商同田斗寅以公民会的名义，出面干涉。

当晚，他们在牛王庙内召集铁矿运输苦力、船夫、手工业工人、市民等饥民四五百人，开了一个紧急大会。通过群众充分讨论，最后形成决议：大家回去，再多约一些人，准于当晚半夜，各路出来在太平桥码头集中,把走私的赃米全部扣押,召开市民大会处理。如果他们先要动武,我们人多为王,就立即给予还击。

会后,危又与田斗寅联系,要他动员团丁队长孙治齐(国民党员)带领两名武装团丁一起前往,田、孙二人都同意了。快到午夜时,危同田、孙及两名武装团丁,提着马灯前往太平桥。

一过桥,便见码头上黑压压的一片人群,原来群众斗争情绪高,未到半夜就提前从四面八方汇集到老三泰栈码头。运米军队设立的岗哨,已阻止不住声势浩大,如洪流般的群众,而灰溜溜地撤走了。

负责贩运大米的委员姓杨,据说是遵义城里一个有名的袍哥恶棍,绰号叫"通城虎"。

他正在渡船上准备装运时,见群众纷纷聚集码头,开初还打官腔,威吓群众,后见群众越来越多,已有七八百人把他围住时便紧张起来。

他打着袍哥语言,向大家告饶:"我是来办军米的,都是相邻码头的人,刚才言语高矮点,有不对的地方,请大家原谅!"顿时,群情激愤,响起一片驳斥声:"什么办军米呀,为什么要在半夜三更偷偷摸摸地装运?""我们东溪地区这几年闹饥荒,饿死那么多人,难道你不知道吗?""你们勾结东溪豪绅贩米走私已经好多回了,这次不准运走!"

这时,危等人也来到此处。"通城虎"得知公民会负责人危直士来了,立刻笑脸相迎,他说:"危先生哇,慕名得很,请你主持公道,帮忙帮忙,贵州军阀周西成叫我来这里办点军米,正准备装船,大家把我围住了。如果贵地人有别的意见,只要提出主张,总是好商量的。"

危当即揭穿了他们贩米走私的内幕,说明有关禁运粮食是广大人民群众的要求,是公民会的主张。并明确提出把全部走私米扣留下来,由公民会召集市民大会处理。

在群众的压力下,杨只好答应了。于是,群众推选5名代表同危、杨一道,清点了三家碾坊共有熟米60多石(每石三百二十斤),封存后交碾坊老板暂时保管,等候处理。

东溪米案旧址

　　为了解决群众燃眉之急，维护群众的斗争情绪，危同意群众把最后一家碾坊的赃米分了，其余两家碾坊的赃米仍留着交市民大会解决，以便更有力地揭露地主豪绅勾结军阀贩米走私的罪行。

　　群众当即推选杜汤元（名海成）、杨麻子（名寿）、汪剃头（名银臣）三人负责搬运赃米，于是这家碾坊的赃米被大家一扫而空。

　　事件发生的第二天，全镇轰动。

　　各个阶层则有不同的反应。贫苦百姓拍手称快，他们说："抓了走私米，赶走杨委员，干得安逸！"一些富裕商人则怕惹祸，地主纷纷哀叹："而今事道变了。"夏奠言等人大肆煽惑："是'赤化分子'捣乱。"

　　重庆地委书记杨闇公接到中共綦江县特支的电报后，立即指示危、霍："立即把阻留下来的走私米交东溪地方政府召集市民大会处理，并通过公民会和国民党左派的关系，督促其执行；要注意各方面的动静，积极在群众中开展宣传教育活动。"

　　危、霍二人根据党的指示，立即同有关方面联系，并把饥民阻留的走私米交给当地政府处理。

没过几天,由于东溪区公所、国民党区党部、区队等主要人员的妥协投降,在夏奠言以县团练局长地位施加压力下,偷偷地将所扣的赃米发还了。

东溪以夏奠言为主的地方封建势力,对人民的革命斗争怕得要死,恨得要命,必欲镇压而后娱,乃秘密与贵州军阀勾结,疯狂向人民反扑。

五月三日下午,贵州军阀周西成派营长刘成鼎带领一营人扑向东溪,镇压群众。危直士藏入厕所的粪坑,半夜出走,在群众的帮助下始得脱险。

黔军即抓走了生病的霍绍文、学校的杨伯模老师和危的二哥危国士,以及杜汤元、杨麻子、汪剃头等三人。

第二天(五月四日)东溪逢场的下午,黔军在下场口广场,杀害了杜、杨、汪三位无辜的群众。

当黔军开赴东溪时,夏奠言以县团练局长名义借演习为名,将300名团丁向东溪方向开去,驻扎在分水乡柑子垭和郭扶乡,以接应支持黔军的行动。同时,还秘派二名打手,埋伏在木瓜林中,企图杀害危直士,由于未碰上,乃未得逞。

危直士脱险后,根据中共綦江县特支的指示,暂时转移到重庆"中法大学四川分校",后又接到中共中央通知,与邹进贤一道去上海。

东溪米案发生后,中共綦江县特支立即向中共重庆地委作了汇报,地委书记杨闇公指示,迅速设法营救被捕的党员和群众。县特支遵照指示,通过各种途径,利用各种关系,动员群众,积极开展斗争:一方面组织东溪、綦江的学生分赴各乡镇宣传米案真相,控诉地主军阀镇压群众的滔天罪行;在重庆《新蜀报》上披露事件的经过,谴责贵州军阀在大革命国共合作时期,破坏北伐,破坏国共合作的罪行;呼吁舆论界、旅渝学生联合会声援;向川黔两地机关、团体、学校散发传单,并通电贵州省主席周西成,强烈要求释放全部被捕人员。

一方面,通过綦江县各机关、团体派代表,敦促县长李凤耀前

东溪米案打倒军阀剧照

往东溪与黔军交涉。李是老同盟会会员,比较同情革命,他连夜赶到东溪向黔军提出抗议,并暗中叫人私塞包袱,又经吴举宜等人出面交涉,黔军团长周超群强行索要大洋1200块。危直士在上海密函亲友将田产书契抵押大洋1000块,另由刘让能资助200块,终于把霍绍文、杨伯模、危直士3人营救出狱。

经过这场阶级斗争,更加锻炼了共产党人的革命意志,教育了人民,提高了广大人民群众的政治觉悟,推动了綦江反帝反封建的斗争进程。

贵州军阀不但停止了走私贩米活动,而且在群众激愤和各方面的指责声中,被驱逐出川。夏奠言也在全县人民的愤怒反对和各阶层人士的指责下,跌下了县团练局长的"宝座"。东溪市场上的米价已下降到斗米售银元一元七八,人民的饥荒没有继续发展。

在中国共产党的领导下,广大人民的革命斗争取得了一个又一个的胜利。

解放后,东溪籍人韩井泉,根据米案史实,编写了剧本《綦河怒潮》,并组织人员在綦江各地巡演,颇受好评。

东溪中学[1]

东溪中学，位于千年古镇东溪篆山，是一所有着悠久历史和深厚文化底蕴的学校。1939年由东溪开明人士吴举宜所创办，为当时綦江地下党活动之根据地。现在学校仍以"明德明智、成己成人"为教育理念，高扬"滋兰树蕙、泽被群芳"的远大目标，背负苍天，承载岁月，淬火天地，砥砺硎石，育坚韧不拔的世纪英才，养壮怀远志的时代雄鹰。

学校的标志性建筑飞机楼，以展翅腾飞、搏击长空的形象，屹

明明中学原飞机楼

---

[1] 綦江区政协主编：《綦江街镇历史文化丛书—古镇东溪》，湖南地图出版社2013年12月第一版。

第二章 风云历史　63

立于校园。她不仅是校园的一道亮丽风景线，更是彰显学校生生不息的奋斗精神。

"自强不息，敢争一流"，这是东溪中学师生拼搏的信念。他们乘风破浪，谱写红色风采；他们锐意进取，铸就名校品牌。莘莘学子在东溪中学成长，乃红色革命精神之传承使然。

1939年下半年，綦江县委派人与东溪吴举宜等商量筹办的东溪中学正式开学，吴举宜任董事长，邓后炎（中共地下党员）任校长，夏奇峰、陈毅乔、刘乃庚（从复旦大学转关系来的党员）和从陕北公学来的沈薇、张一萍等一批进步青年都在学校任教。

东溪中学由于一开始就是中共綦江县委所控制和领导，所以和一般中学不同，是一所完全新型的红色学校，办得很有特色。

学校明确提出反对封建主义，实行男女学生同校、同班。当时，有的中学实行男女学生分开各在一处，有的中学收男生不收女生，而东溪中学是男女兼收，有的同班学习，提倡男女平等，竭力反对重男轻女的封建习俗，学生的各种组织活动，都有女同学参加并做组织者。这在当时，是很了不起的突破。

学校高举反对帝国主义的旗帜，实行读书和抗日救亡相结合，向学生灌输革命思想。各门课程，都紧密结合抗日进行教育。如语文课，多数是讲从报刊上选的有关抗日的文章，启发学生的抗日激情和革命意志。上历史课和地理课，就讲日本帝国主义对我国的侵略，使我们丧失了多少美好河山，这种奇耻大辱，我们再也不能忍受，要不惜抛头颅、洒热血去争取民族的解放。上音乐课，就教唱抗日救亡歌曲。除了在校内对学生进行抗日教育外，学校还组织歌咏队、口头宣传队、戏剧队，到校外的东溪镇和赶水、镇紫街等地向群众进行抗日宣传。

学校倡导民主自由，教学计划、经费开支等，都有学生参加管理。一切规章制度，都由学生讨论通过后施行。师生的伙食不由学校总务包办，由学生成立管理委员会，实行账目公开，民主

明明中学校长、地下党员邓后炎

管理。

学生在这样一所新型的革命学校里学习，不仅学到了文化科学知识，而且思想进步很快。除原有党员学生张亚东（张天午）、张仿陶（1938年下半年在中峰由张昌德发展入党）等人外，还先后发展了杨兴华（杨尘）、张洪堂（张思九）、曹慕融（曹雨时）等人入党。到1940年春，全校教职员工、学生中的党员已发展到10多人，分别成立了教职工支部和学生支部，教职工支部由刘乃庚任书记，学生支部由张亚东、张仿陶先后任书记。

由于东溪中学的地下党组织积极开展抗日救亡的宣传，不断揭露国民党反动派消极抗日、积极反共的真面目，引起了国民党反动派的敌视，反动党、团、军、警、特务的矛头集中指向东溪中学，除夏经权、陈毅乔等受到特务监视以外，邓后炎和张仿陶、张亚东、曹慕容、杨兴华、张洪堂等学生党员，亦受到国民党军事委员会办公厅的稽查，处境十分险恶。国民党四川省政府又密电綦江县政府，"迅速查封"学校。为此，经上级党组织批准，东溪中学党的负责人和其他共产党员，有计划地先后转移。东溪中学这所新型的革命学校，仅开办一年，于1940年5月份即被国民党反动派查封，但它却为全县播下了不少革命的种子。

当时驻扎在东溪双桂园的国民党中央军事参议院代理院长张翼鹏，是老同盟会员、国民党的高级军官，曾代署湖南省主席，为人正直朴实，富于爱国精神，对蒋介石独裁专制不满。綦江地下党主动团结他，在生活上关心他，尽量和他保持友好的关系，争取他关心和支持抗日救亡运动。他对筹办东溪中学十分赞赏，亲自担任校董会名誉董事长，并派该院军官到学校义务讲课，他对学校的抗日宣传活动表示支持。当学校被查封时，他大鸣不平，力持正义，曾两次致电四川省国民党当局，为学校鸣冤呼屈，力请收回成命，可惜营救终未如愿。

东溪是綦江县的南部重镇，扼川黔公路咽喉。随着解放战争形势的发展，地下党需要在这里重建工作据点。

1947年3月，綦南工委书记李治平在重庆莲花池会见共产党员夏义筠、姚大年夫妇，布置他们回綦江东溪镇开展党的工作，并说明党的组织关系以后有人去接,具体任务等待以后交代。因为东溪是夏义筠的老家,夏义筠的三哥夏欨飞又是东溪镇副镇长,这是他们在东溪开展工作的有利条件。于是夏、姚二人回到东溪,住在后乐园夏义筠家里。

1947年5月,中共津綦特支书记向天培到东溪与夏、姚二人接上了组织关系,并布置了今后工作:搞好东溪镇的上层社会关系,作好统战工作;以经商为掩护,为党筹集活动经费;相机在贫苦知识分子中间进行党的宣传教育,积极慎重地发展党员,壮大党的组织。

1947年下半年以后,津綦特支经过清理,与20年代入党的老党员危直士、唐宇涵、抗日战争时期入党的陈希龄、郑季瑜、陈光明等,先后接上了单线联系。上述同志接上组织关系之后,均由津綦特支实行单线联系,相互之间没有打通横的关系,也没有建立支部或小组,这是由当时东溪的政治环境和党员的具体情况所决定的。

1948年下半年至1949年上半年,先后发展了谢荣才、刘兆祥、任万江、杨邦治等人入党。

1949年2月,在胡晓风、姚大年领导下,东溪建立党的支部,由刘兆祥任支部书记,谢荣才任组织委员,任万江任宣传委员。支部建立后,姚大年、夏义筠的工作交由支部负责,姚大年、夏义筠奉命转移到涪陵。

东溪党支部成立后,东溪地区党组织和党员人数有了较快的发展。在谢予领导下,于1949年夏天建立了东溪区委,刘兆祥任区委书记,谢荣才任组织委员。东溪区委管辖的党员,涉及东溪、赶水、青年、分水、郭扶、高青等乡镇及綦江铁矿。到1949年11月东溪解放时,共有党员40多人,建立了5个支部。

在解放战争时期,东溪地区党组织主要做了以下几项工作:

一是为地下党筹集活动经费。夏义筠、姚大年在东溪住定以后,对外是做生意,从事商业活动,集中了一些本钱,从重庆购进棉花和香烟,贩运到东溪批发出售。做生意本是一种掩护,资金不多,买卖不大,所以开始只能少量资助党的经费。由于姚大年曾在育才补习学校读过书，与陶行知先生有师生关系，以后就用支持陶行知办教育为名筹集经费。第一次筹得银元50块，棉纱十多并，第二次筹集银元100块，全部交给了党组织。

二是支持帮助开办东溪华新图书馆和新知识书店。1947年，夏湘生从重庆社会大学读书回来，向夏义筠、姚大年表示愿为社会做点有益的工作，于是在夏义筠、姚大年的鼓励和支持下，办起了"华新图书馆"，安排进步青年戴正德当管理员（戴后来入党）。图书来源，有夏经权、夏淑惠、夏淑贤去延安时留下的一批书籍，有夏义筠、姚大年从重庆带回的一些书籍，还有夏湘生等人的部分书籍，约有数千册。图书种类有政治经济学、外国文艺、古旧小说等，优劣并蓄，精华糟粕混杂一体，以免引起"红色"之嫌。图书馆办起来之后，前来借书的人很多，有学校的师生，有社会青年，还有来往川黔公路上的司机。对于熟识可靠的借书者，戴正德向其推荐《大众哲学》、《新民主主义论》等书籍。这对宣传进步思想、培养教育青年，起了一定的作用。

"新知识书店"设在承平路汽车站附近，以经营书籍为主，兼营文具。店面上公开摆的是从重庆运来的各类图书，有进步的，也有旧小说等。后来，店面又增设了茶室，像个"文化沙龙"的样子。这是东溪唯一的一家书店，招来了许多饮茶的、买书的知识分子，还有川黔公路上的汽车司机和旅客，也到书店买书和喝茶。有的司机与书店的关系搞熟了，还主动从重庆为书店代运书籍回来，避过了国民党反动派设在一品检查站的宪兵、特务的检查。书店开设后，接触的群众更广泛，特别是对联系社会知识青年有很大的好处，影响所及，延伸到川黔公路的贵州境内。

三是掩护、转移避难的和营救被捕的同志。1948年下半年，重庆草街子育才学校的党员詹廷栋在当地被暴露，转移到东溪镇，安排在华新图书馆做了一个时期的管理员，以后再转到他处去了。綦江县城的党员何少琦，在城里搞文化工作，特务怀疑他是"异党"，便匆促避到东溪，夏义筠、姚大年把他掩护在"新知识书店"楼上住下，不久将他送出东溪，到了贵州湄潭地区。同年夏天，有位外地党员在东溪被捕，关押在东溪镇公所，但林文到东溪通过夏义筠设法营救，夏义筠叫夏湘生借口说是他的同学，找到副镇长夏欻飞，把其认领出来，护送出境，转到贵州桐梓。

1949年11月26日，国民党溃军路过东溪，有十几个伪军运来几桶汽油，准备烧毁存放在万寿宫的六万多斤公粮。地下党员陈希龄获悉后，立即率领十多名自卫武装人员赶到万寿宫制止，溃军未来得及烧粮，便仓皇逃走，从而保护了这批粮食，为后来过境的解放军提供了军粮。地下党员危石顽等在敌军溃逃之后，查得未被敌人烧毁的汽车四辆、小车一辆、子弹10余万发、汽油十几大桶，全部上交给了国家。

"百里书香争播八方盛誉，八十华彩竞写四海风流。"东溪中学全体师生正站在新的起点，昂首阔步走向更加灿烂辉煌的明天。

明明中学教师、地下党员夏奇峰

东溪中学开展抗日救亡运动

烽烟，盘旋过历史的天空，烽火中的残阳如血。托起如血一般淌挂泪露的花瓣，托起如标枪般饱吮灵魂的丛林，在风中伫立。屠刀，屠戮，仆倒的尸体，抛洒出炽热的血液，逝者的灵魂凝聚成乌云。从那时起，同胞的泪水就从未干涸，复仇的波涛汹涌，复仇的炽焰腾空，复仇的肌腱紧绷，抗战，抗战，举起武器，向鬼子们的头上砍去。

东溪中学的师生，积极参加抗日救亡运动，成立了"抗日后方服务团"，创办了《黎明》《曙光》《街头巷尾》等墙报，每半月出一期，内容都与号召人民群众团结抗日有关，有抗日战场消息的报导，有评论文章，有诗歌、散文、漫画、歌曲等，唤醒民众抗日则生，不抗日则亡的严峻现实。

师生充分利用墙报、手抄报等声讨日本侵略者的侵华罪行，激励人民的抗日斗志。

学校还经常举办演讲会、作文比赛、歌咏比赛。

民国二十九年（1940年）元旦，学校在东溪镇上组织了6场抗日救亡宣传晚会，演出《放下你的鞭子》、《抗日烽火》等话剧，受到社会各界群众的热烈欢迎。

学校发动学生，给前方抗日战士

明明中学董事长兼任校长吴举宜

学校师生开展抗日救亡活动（资料图）

写慰问信，鼓励前方抗日战士英勇杀敌，报效祖国。

东溪中学的老师和学生，利用国民党中央军事委员会妇女委员会开展的"新生活运动"宣传抗日救亡，鼓励人民群众积极参加抗战，支持抗战。

东溪中学发动学生组织募捐活动，向东溪各机关团体、工商业者和地方人士募捐。并把募到的捐款，购制棉衣寄到前线，支援抗日官兵。

民国二十八年（1939年）到二十九年（1940年），在中共地下党的领导下，东溪地区的抗日救亡运动搞得轰轰烈烈，红红火火。东溪中学成了綦江抗日救亡宣传的一面旗帜。

从民国二十八年（1939年）冬季开始，国民党顽固派加紧了对共产党领导的抗日救亡运动的镇压。接着，顽固派向革命进步力量集中的东溪中学发起攻击，新上任的县长李白英、国民党县党部书记长刘砚一等公开出面，大肆诬蔑共产党，扬言要对东溪中学的进步师生实行镇压。

中共綦江县委及时请示了上级党组织，重庆地下党组织指示中共綦江县委团结各界人士，顶住风浪，坚守阵地，坚持斗争。

民国二十九年（1940年）春，东溪中学照常上课，还开设了2个春季班，共招收学生100人。

东溪中学校园

　　开学后不久，李白英、刘砚一到东溪，向东溪中学董事长吴举宜出示省教育厅指令，称"该县私立东溪中学自校长邓后炎以下皆有异党嫌疑，经查该校无案可稽，显系蒙混办学，仰即查明办理"。

　　吴举宜，坚决否认省教育厅的无理污蔑。后来，国民党查封了东溪中学。

　　消息传开，东溪各界人士强烈反对，东溪中学师生更是怒不可遏。东溪中学名誉董事长张翼鹏，打电话给四川省主席张群，极力为学校申辩。

　　学校董事长吴举宜亦到县里活动，到处申辩，希望保住学校。前后历时一个月之久，形势仍不见好转。

　　中共綦江县委为保护党员干部，不得不让陈毅乔、夏经权二位教师转移。陈、夏走后，进步师生顶住风浪，坚持把学校继续办下去，守住綦江这块抗日救亡运动的阵地。

　　五月下旬，形势越来越严峻，学校几经挽救没有效果，邓后炎愤而辞职离去。校长一职由董事长吴举宜兼任，接着学校老师先后撤离，学校解体。

　　这所曾经有着悠久历史的红色学校，如一坛芳醇的美酒，历久弥香，现已成为綦江培养学生的摇篮、放飞理想的蓝天。

抗战老街

　　一条老街，从梦中划过。宛如满脸沧桑的老人，横卧在川黔公路的路上。白天它阅尽喧哗的日升月落，夜晚枕着默然的繁星入梦。不知多少风霜雪雨侵蚀了它的容颜，不知多少马蹄车轮摧残了它的身体。斑驳的身躯伤痕遍体，可它依然百折不挠地静静躺着，伴着父老乡亲一代又一代的年华，托着少男少女薄雾一样的梦幻，守着它自己清贫的日子，年复一年，痴心不改。

1939年的东溪抗战街（资料图）

阳光洒在小青瓦上，我踩着时间的脊背去追溯抗战那些年，那些事儿。有些泛黄的沧桑，向我们诉说着曾经的往事。老屋子、旧巷子、红旗子、黄包车、独轮车，和着"炒米糖开水"的吆喝，穿越了时光罅隙，历史铺摆在眼前，浓浓相间，依稀可见。留声机里传出的音乐，像风吹柳絮般飘忽着，笙歌缭绕，却不知道在向谁倾诉。我的思绪无法动弹，只能站在岁月的浪尖上观望，任凭我去想象它曾经的繁华。

东溪抗战老街，始名中正街，建于1938年。因为抗战全面爆发，重庆成为国民政府的陪都，国民党中央军事参议院、国民党中央银行等迁驻东溪，场镇人口剧增万多人。于是蒋介石命令部队及征用东溪当地民工3000多人，一天24小时三班倒，用3个月的时间，新建了一条长1000多米的街道，用来供国民党官员、工作人员、驻扎部队及家属居住。

抗战老街，结构为砖柱夹壁墙，主要有两种风貌，一是从上场口至国民党中央银行，房屋底层墙面贴青砖，上面为白色墙面并做板栗色线条，仿古花格门窗，斜坡屋面盖小青瓦；二是从国民党中央银行至下场口，以炭灰色加白色线条，屋檐做压顶白菜，具有欧式风格。街中间是8～12米宽的"210"国道。2011年，县、镇投

2011年改造后的东溪抗战老街上街

2011年改造后的东溪抗战老街中街

入2000多万元，对这条街的外立面作了原貌保护性修复。

　　国民党的这些机构为什么不迁到綦江、石壕、打通或贵州等其他地方呢？因为当时的东溪有其自身的优势：一是东溪水陆交通便捷，从川黔公路，东溪到重庆3小时车程，从太平桥码头乘船到重庆5小时航程；二是东溪环境适宜，四面环山，平川富饶，物产丰富，既安全又宜居；三是东溪基础条件较好，场镇功能基本完备，特别是于1935年就有电灯照明，当时整个綦江就只有綦江和东溪通电。

　　1938年军事参议迁东溪时，陈调元仍任院长，其夫人谈雪卿，曾是上海有名的交际花，在东溪居住两年多，以避战乱。当时的抗战街，住满了国民党的军、警、宪、特，国民党高官的姨太太、小姐等。

　　当看到那栋栋高耸房屋的一个个圆形的瞭望孔时，仿佛还能听到当时屋内传出的留声机所放的歌声⋯⋯

　　抗战老街的那份厚重的美，无可置疑。只是现在的老街，那些洗尽铅华留下的茶楼酒肆，书场墨庄，匾额旗招、抗战纪念碑等，早已被浮华的喧嚣所湮没。只有那些夹壁墙的老房子，意境幽古的牌坊、小巷，参差错落的店铺，流光溢彩的老字号还保持着老街固有的一些风貌，还留存有一丝古韵遗风。

漫步抗战老街渐行渐远，俨然成了一幅水墨画，而在老街里出现过的人与小巷已成了它的主要角色。

从老街走出的人太多了。从老街走出了曾与周恩来、邓小平一起赴法勤工俭学的罗振声，从老街走出了给邓颖超当秘书的陈毅乔，从老街走出了危石顽、夏奇峰等中共地下党员，从老街走出了一大批抗战老兵……

抗战老街，历经岁月风霜，依旧不减风采。在我的童年也留下了许多时代的印记，由于历史的变迁，抗战老街已经铺上了柏油路，但老街昔日的风貌依然存在我的脑海中。每每想起，总能勾起我对老街的留恋。

2011年改造后的东溪抗战老街下街

国民党中央银行东溪分行

　　八十多年，在历史的长河中只是短暂的一瞬。然而，当我们满怀激情走入位于东溪正街上的国民党中央银行东溪支行旧址的时候，就会发现，在这八十多年的岁月里，东溪的金融记忆早已融入进这个古朴的抗战老街中。

　　抗战老街，是依山而建、错落有致的街道，大多是穿斗结构夹壁墙的房屋，具有典型的巴渝民居的风格。但是，在鸡市坡蜀人会馆万天宫出入口的左面，有一栋与众不同的欧式砖瓦房屋，墙的砖柱往外凸出，每根砖柱间隔二米许，凹进去的地方，作为每层楼设

国民党中央银行东溪分行旧址

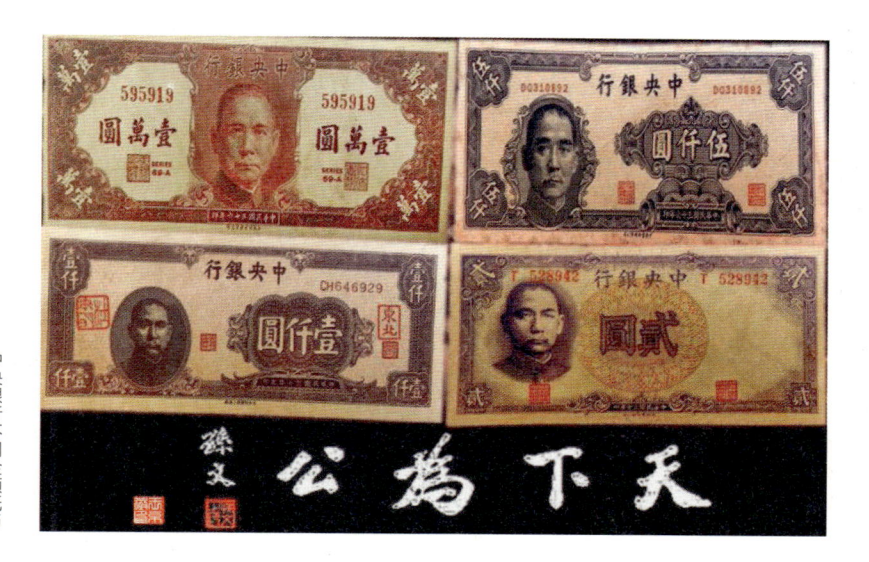

中央银行不同金额纸币

置的窗户，以作为室内采光之用。看起来简洁、匀称、均衡、对称，线条分明，使人感到华贵、典雅，富有浪漫主义的色彩。这就是当年国民政府在东溪开设的国民党中央银行东溪分行。要知道，当时綦江县城都没有开设这样的银行，可见其当时东溪的重要与繁华。

国民党中央银行，为国民政府最高金融机关，号称银行之银行，很多中等城市都未设立分行，而东溪仅有 3.5 万余人口，又地处边陲，反而设一所三等分行，这是与时局和东溪地理条件分不开的。

1937 年七七事变以后，接着又爆发了"八一三"上海战争，日寇步步进逼，直薄南京。国民政府在全国人民一致抗日的呼声中，被迫西迁重庆。同时，组织东南各省及沿海厂矿、企业随军内迁，避免敌人破坏。

1940 年 6 月，宜昌失守，半壁河山陷入敌手。重庆遭到敌机轮番轰炸，人民生命财产备受威胁，生产停顿，机关、学校纷纷向四郊疏散。

綦江距重庆 100 余公里，煤铁资源富饶，交通便利，且山高林密，富有天然战备条件。因此，源源不断迁来一批高级军政机关和以兵器生产为主的工厂，如国民党中央军事参议院设东溪，导淮委

第二章 风云历史 77

员会迁菜坝，五〇二汽车厂迁桥河，电化冶炼厂迁三江，四十兵工厂设张家坝，再加上战干团、电讯学校、渝南警备区司令部、陆军九十三军、青年军二〇二师等军事领导机关及大量部队迁入綦江，致使綦江人口激增。

同时，为了保证大渡口钢铁厂恢复生产，决定开发綦江煤铁资源，又增设了南桐、土台等大型矿山，以及兴建綦江铁路和綦河闸坝等大型工程，经费投资巨大。

东溪镇地处綦江中心，又是綦江第一商埠，因此，国民党中央银行特在东溪镇设立三等分行，专门收存和经付各单位生产建设资金。

1940年7月，中央银行决定在东溪设立分行，随即派员前来东溪筹备，选址在中正路六十二号。

东溪分行，于同年8月2日正式开始营业，电报挂号为"五三五三"号。后来又改租东原公司新建大楼之前楼作为营业地址，直到撤销未变。

分行成立之后，由于业务之需要，又在贵州松坎设立一税收处，办理松坎附近之税收及存款事宜。松坎税收处人数较少，未独立建账，其报表并入东溪分行列报。

东溪分行人事更迭，1940年9月，经理王文元，会计系长沙龙祥，出纳系长沙李竹亭；1941年3月，经理钱潞，会计出纳未变；1941年6月21日，松坎税收处负责人为苗培蕃。

中央银行东溪分行，在东溪经营5年多，除照章经收税款，代

中央银行壹佰纸币

理国库及办机关企业存款外，未与商帮往来，对商业银行（当时东溪有农工、利群、县银行等商业银行）也很少接济，对厂矿事业发展更无贷款支持。

东溪分行除吸收存款以外，汇兑也限制甚严，经常发生退汇，人多称怨。但因特权在握，开业仅3个月，即收存机关存款100多万元，存款准备金及同业存款50多万元，由于撤离时已将账册档案卷全部运走，不能查知其业务活动。

1945年8月15日，日本无条件投降，举国欢腾。国民党中央银行东溪分行的工作人员，听见爆竹声响，立即作出还陪都打算。一面将国库事务移交邮局代理，一面又通知四川省银行接管綦江国库，同时又限定交通银行迅速将东溪分行蒲河税务处收入之税款送解重庆中央银行，以完清手续。

1945年9月30日，国民党中央银行东溪分行停止营业，先行撤往重庆。

国民党中央银行东溪分行，有东溪抗战文化的缩影。老建筑不仅展现了场镇传统的风貌和地域特色，更承载着场镇的记忆。具有历史、科学、艺术价值，或具有重要的纪念、教育意义。如何深入挖掘这些历史建筑的文化内涵与时代价值，如何更大范围地向公众普及它们的历史知识，值得我们去进一步探索。

中央银行伍圆、拾圆纸币

第三章 | 人文传承
RENWEN CHUANCHENG

　　东溪人文传承的星空深邃而辽阔，在年复一年的时光里，积淀了文化，充实了习俗。一如百花盛开，沉醉着，飘落着，零落在历史与现实的泥泞里，唯有香如故。川剧座唱，传统舞狮、传统腰鼓、石磨与石碾、编织制品技艺、东溪木雕、义门陈氏、太平桥码头、香包、麻乡约等，不同的行业、不同的艺术、不同的技艺、不同的家族、不同的习俗，丝丝缕缕随风飘散着，在虚无和现实之间，在澄明的月光之下，激起波澜，折射出一个事实，人文是东溪不朽的灵魂。

川剧座唱

在万天宫古朴的戏楼上，两张拼在一起的八仙桌，四周围坐了七八个穿着中国红绸缎布料，上绣二龙抢宝图案，统一制作的川剧琴师、鼓师对襟服装，也都是些年老的人，满脸肃穆，正儿八经各掌了乐器、锣鼓等，静待着冲天一鸣的时刻。一切停当，只见一双指甲微黄、血管突起、遍布褶皱略显粗糙的手，分别执一支小鼓鼓槌，把鼓槌朝小鼓边上一敲，一阵"啵啰啵啰啵啰啵啰——梆"，随即大锣"当——"的一响，一时间，钹镲齐鸣，琴瑟混响，喧天的震撼钻房梁出孔隙直上云霄。开场锣鼓过去，着一身戏服的剧中人物扮演者拉开嗓子的一个"啊——！"一场"东溪古镇名扬天下"

2008年5月23日，市委常委、宣传部长何事忠，到东溪南华宫观看川剧座唱

第三章 人文传承 83

的好戏就开场了。

戏曲的喧嚣与精彩,引来了观众的阵阵叫好声与掌声,让一些远到的客人忘记了下一站行程。

这些,远在几十年前,就已经是东溪四季风光中的一景,也是东溪地方文化的一大特色。东溪也正因为有此一景,浓妆淡抹的盎然气氛,就多上了一笔更加绚丽的色彩。

一方水土,养育一方人。东溪文风浓郁,才有了今日之薪火相传的川剧座唱,经历了枯枯荣荣而不改初衷保持着传统。戏骨们一直坚守着的,以川剧玩友自娱自乐座唱形式为主的东溪川剧俱乐部。

东溪川剧俱乐部的前身,为东溪麒麟阁川剧俱乐部,组建于1942年。

早时,因此地为川东南黔西北物资集散中心,商贾繁多,游人甚众,川剧经文人雅士鼓捣,自也不会等闲。于是,不单有了正宗的川剧,同期也派生出了上可登大雅厅堂,下可入散众闲房,无论节日、庙会、寿诞、婚丧,都会有可敲两鼓槌、可吼两嗓子的川剧玩友座唱。

戏剧界里,对那些会唱戏而不以专业演出为谋生手段的爱好者,含琴师、鼓师、乐师等演职人员,京剧称之为票友,川剧谓之曰玩友。

有了川剧玩友的座唱,渐渐地也就有了东溪麒麟阁川剧俱乐部。鼎盛时期,俱乐部的会员曾多达二百六十多人。

这个俱乐部里的人,大多都是从儿时起就和川剧打起交道的。那时看川剧,其瘾之大,其望之渴,不惧寒暑雨雪,不怕风高夜黑,不怯草间爬虫,不恐坡陡路窄。在湿滑小道上,猴急得打着火把、摔着跟斗跑一二十里去外乡看戏是常事。到了戏园,要是碰上老天照应,戏园子外瞅准空子,趁上一场散场人头拥挤,混乱中猫腰躲进戏园子黑咕隆咚的角落,哪怕心惊肉跳得连大气也不敢出,只要没被巡场子的瞧见揪住耳朵拉出场外,一年半载也都是向小伙伴们炫耀的本钱了。搭人梯、爬树干、钻地洞、献媚眼,大凡能想到的,没一样没做过。假使所有招数都用尽了,再心急如焚也无可

2008年3月15日，英国精英技术团到东溪考察，在万天宫观看川剧座唱后合影

奈何时，就算只好在场子外墙根下听那戏园子里头的一回通场热闹，也不枉囊空如洗的补丁衣服内一副腔肠装进了满肚皮的美妙。

过童年到青年进壮年的无数次熏陶，把听来的、看来的、学来的川剧，不分时段不辨地点，端着饭碗唱，上床睡觉唱，家里做事唱，上山割草唱，下地耕田唱，相亲时心里唱，拜泰山肚里唱，娶儿媳时鼻子里唱，嫁姑娘时喉咙里唱……不知不觉中，三四百个川剧戏曲就给记熟了、唱会了、能上台了、会表演了。

现在，岁过甲子年逾古稀的这一大批老翁老太，还算是那当中的硬朗者。好些人已是跨杖朝、入耄耋、近鲐背的年纪，人见必称这老那老的了。看他们的表演，文戏虽温在方寸，流韵却澎湃着激情；武戏虽斗在咫尺，气势却浩荡着千军。一招一式一腔一调，在抑扬顿挫中，笑，声震长空；恨，目如利刃。尽管旦角身段不再娉婷，生角腰板不再惹火，但眼不妄视，手不乱指，耳中只有锣琴鼓，口中断无混来曲，放声高唱，无一不殚精竭虑、呕心沥血。老太们钩、柔、白、瘦的兰花指一拈一点一合十，就像回到了从天真羞涩到瓜熟蒂落的以前，水袖的投、拂、荡、抖、回、捧、提，把人生的"喜怒哀乐惊恐厌，欢愁悲思痛爽怜"表现得淋漓尽致；老翁们闪、展、腾、挪、翻、越、滚，举手投足转身亮相，因为年岁的原因，虽然已无法做到精、准、稳，翎子功再不能让翎子在头顶

第三章 人文传承　85

2015年4月27日，重庆电视台《向快乐出发》栏目在万天宫戏楼拍川剧座唱表演

上立得笔直，变脸功再不能让脸在瞬间走得那么神巧，唱、念、做、打都显得有些颤颤巍巍，观众也不得不伸出大拇指赞颂这些盘根老树，风骨依然还在，韵味依然还存。

川剧俱乐部里的大多数人，既会吹拉，也会弹唱。他们对川剧的热爱，不单在舞台上，平日里无论同茶共饮中、聚会共餐前，只要有人拿舌头口腔当响器，将手指头竹筷头在桌沿边上敲几下啵几声，立刻就有人从鼻孔里哼出"西皮"、"二黄"或者其他的曲牌，继而牵一发动全身，整个在场的玩友，你一句高腔我一声帮腔，那一番激亢，自不消说。字正腔圆、声情并茂里，仿佛不是在唱戏，而是在回顾和倾诉岁月的沧桑，怨时光不倒流，恨青春不永驻。

川剧起源于先秦时期，鼎盛于隋唐五代，中兴于宋元两朝，以及以宋词、元曲为土壤，将昆曲、高腔、胡琴、弹戏、灯戏的不同声腔杂陈汇聚，混入四川方言，形成地方特色，成了中国戏曲文化耀眼奇葩的历史渊源。有诗曰："战鼓隆隆风声紧，策马扬鞭百万兵。征战沙场开天地，一声霹雳定乾坤。帝王将相宫廷累，才子佳人善多情。古今清平繁乱事，除却梨园不缤纷。"这正是川剧舞台艺术的震撼力。

表演，是一门综合艺术，不是一朝一夕能成的。艺术家表演，有天赋的因素，但后天的努力更为关键。"台上一分钟，台下十年功",说的就是锲而不舍的精神。东溪川剧俱乐部,往小了说,这里的每一个人,是自己有了对川剧嗜戏成瘾、无法自拔的终极爱好;往大了说,这也是一种赤心切切、矢志不渝的家乡情怀。因锲而不舍,他们早就戏入骨髓、曲入膏肓,现在聚在一起,完全是在用汗水、用热血、用灵魂去挽救、去传承、去弘扬民族的精粹,把促进民族传统文化的发展当作晚年的风景,让人们在戏曲中去感受中华民族五千年传统文化的光华,从而激动,从而兴奋,然后化作无形的力量,在奋发中去释放,在争流中去澎湃,在向上中去快乐。他们自己,则夕阳更红、晚霞更丽,这就是东溪川剧俱乐部老翁老太们追求的境界。

值得庆幸的是,时至今日,解放前震动全川的东溪米案,曾经的革命历史川剧,在政府倡导和原綦江川剧团团长、现渝南文化发展有限责任公司经理黎斗的主持下,带领演员重排了《东溪米案》,用还原的历史去感染后人。同时帮扶东溪永乐小学开发出了"川剧校本课程",教出了一大群东溪永乐小学的学生传承人。那一群学生,虽还是稚嫩的萌芽,但却是明媚的希望。

东溪川剧俱乐部,演出的是华美,不忘的是流传,奉献的是心血,祈求的是长远。川剧艺术的瑰宝,必将成为东溪这片热土上永远传承的非物质文化。

2016 年 12 月 29 日,重庆电视春节联欢晚会子会场,永乐小学川剧培训学生在万天宫表演

编织制品技艺

编织是传统的，所有编织在起始之初都是安然宁静的，是自然而简单的艺术创造。没有尘世的喧哗与喧闹，只有灵魂的安宁，那是生活艺术的美，也是用心才可以感知的美。

编织制品制作工艺，是一种富有地域特色的民间工艺，是农村不可缺少的手工业。人们从事编织工艺，为农村农闲兼作的季节性副业，是一些农民的主要经济来源，俗话说"编筐窝篓，养活几口"。在以前，有门好手艺是农村年轻男子能娶到好媳妇的重要资本优势。有道是手艺在手，走遍天下能糊口。

编织匠和其他手艺一样，是"吃百家饭"的活计，走家串户上门做，手艺做到哪里，就吃住在哪里，吃喝不愁，生活无忧。家家户户几乎每年都要请编织匠师傅到自己家来做活，把家中磨损的竹席、背篼、箩篼、筲箕、藤椅、棕垫、草席等拿出来修修补补或新编，按天数付编织匠工钱。

编织工艺品，是将藤条、麦秸、稻草、竹篾、棕

竹编在万寿广场展销

东溪棕编艺人在书院街绞棕绳

布等，用手工编织而成的工艺品。编织工艺品在原料、色彩、编织工艺等方面形成了天然、朴素、清新、简练的艺术特色。

解放前，东溪就有藤器社、竹器社、棕作坊、草鞋坊等，编织技艺精湛。编织技艺品按原料划分，主要有竹编、棕编、草编、藤编等4大类。编织工艺品的品种主要有背篼、卧席、箩筐、簸箕、斗笠、篮、棕垫、棕绳、蓑衣、草鞋、草帽、草席、藤椅等。

竹编，是将慈竹、水竹、毛竹等剖削成竹篾而编织成的工艺品。竹编的主要技艺是选竹、切丝、刮纹、打光、劈细、蒸煮、编织及着色、涂油等，制品主要有背篼、斗笠等。

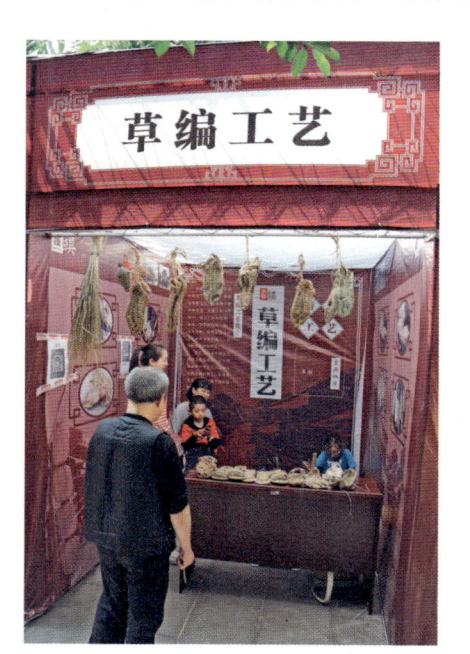

东溪草编在万寿广场展销

棕编，是用棕布制成的工艺品。棕编的主要技艺是选棕布、晒干棕布、去棕足板、纯棕布、抓丝、缝制或绞绳等，制品主要有棕垫、蓑衣等。

草编，是利用稻草、麦秸为材料，经手工编织而成

第三章　人文传承　89

的工艺品。草编的主要技艺是选草、摘草茎、梳理、劈分、熏蒸、漂白、编制等，制品主要有草席、草鞋等。

藤编，是以藤条为原料加工编织的实用工艺品。藤编主要技艺是打藤、拣藤、洗藤、晒藤、拗藤、拉藤、削藤、漂白、染色、编织、上油漆。制品主要有藤椅、藤包等。

东溪编织制品制作工艺，很有自身的特点。一是天然朴素。在原料上竹篾、麦秸、藤条、棕布天然的浅黄、浅棕、乳白等色彩和质地，给人们以自然的美和淳朴的艺术享受。如东溪编的筐、篮、篓等，既呈现典雅的浅棕色，又体现编织工艺简练，风格粗犷，富有天然野趣。二是造型精巧。在工艺上通过运用编织、缠扣、钉串等多种技法，编织成丰富多彩的花纹和造型。虽然稻草、麦秸、竹篾、藤条等原料色泽单一，但由于编织工艺的多样化，采用疏密对比、经纬交叉、穿插掩压、粗细对比等手法，使之在编织平面上形成凹凸、起伏、隐现、虚实的浮雕般的艺术效果，增添了色彩层次，同时也显示了精巧的手工技艺。三是雅致多彩。在装饰方法上编织工艺还运用刺绣、印花等工艺，使之更加多彩。在草编、竹编的提篮、背篓上装饰刺绣或彩色图案，在雅致中又显示高贵。四是色彩鲜明。在色彩上编织工艺品大多以乳白、咖啡、浅绿、浅蓝等中间色、调和色为主，并适当在小面积上运用对比色，取得既调和又对比的效果，也显示了典雅、朴素的艺术特色。

现在，东溪编织制品制作工艺得到了较好的传承与发展，竹编、棕编、草编、藤编等作坊、专业户、部分农户等，把传统的编织工艺品，每逢三、六、九赶场日，都拿到东溪双桥坝农副特产市场出售，畅销重庆、綦江、场镇、乡村等，许多外地游客到东溪旅游时，纷纷购买，作为东溪地方特产赠送亲朋好友，深受广大消费者的喜爱。

东溪农副特产市场销售的藤椅

东溪舞狮

说起舞狮，那锣鼓声常常在我耳畔回响，腾跃劲舞的狮子，也常在我眼前浮现。

元宵节是东溪最热闹的时候，到了夜晚也热闹不息。月亮慢慢升起来，清辉洒满场镇。一阵鞭炮"噼里啪啦"响过之后，舞狮的锣鼓就喧天响起。孩子们挑着灯笼在街巷里穿行，远看去如同闪亮的群星在街头游走。人流顺着大大小小的街巷向街心汇聚，不久便聚成了人山人海。

街心舞狮的场地十分开阔，中央摆着几张四方形大桌子。街旁的老黄葛树上挂着几只白炽灯。白花花的灯光四处散射，照在鼓手

东溪镇开展美食街开街庆祝舞狮活动

亢奋激昂的脸上，照在锦绣斑斓的狮子皮上。

　　小孩子常提着灯笼挤在舞狮人旁边，趁人不注意就用手捋一下狮子的金毛，摸一下狮身上缀着的铜铃铛。舞狮人钻到狮子皮下，一个人当狮子头，一个人做狮子尾。两只狮子在锣鼓声中张牙舞爪地向街心走去，人们的目光聚集到狮子身上。两只狮子，在街心时而抓耳挠腮，时而打滚儿，时而满场奔跑。狮身上的铜铃铛，摇出一串串"哗哗啦啦"的旋律。

　　狮子，在人们心目中为瑞兽，象征着吉祥如意，从而在舞狮活动中寄托着民众消灾除害、求吉纳福的美好意愿。

　　传统舞狮，又称"狮子舞"、"舞狮子"，多在年节和喜庆活动中开展表演。

　　东溪传统舞狮有两种，即文狮、武狮。文狮子一般是戏耍性的，擅长表演各种风趣逗人的动作，比如挠痒痒、舔毛、抓耳挠腮、打滚、跳跃、戏球等等，动作细腻诙谐，富有情趣；武狮子则重技巧和武功的运用，如腾、闪、跃、扑、登高、走梅花桩等高难动作，表现狮子的威武性格。

　　东溪传统舞狮，穿戴着用纸和竹编制而成的狮头的表演者随着敲鼓人的节奏而有规律地舞动狮头，做出模仿狮子的各种形态动

东溪镇举办辣椒采购会开展的单狮走梅花桩表演活动

92　巴渝古镇·东溪

东溪镇在万寿广场举办庆元宵舞狮活动

作。人们认为舞狮可以驱邪辟鬼，故此每逢新年伊始、开张庆典、重大赛会等，都喜欢敲锣打鼓，舞狮助庆。

狮头以戏曲面谱作鉴，色彩艳丽，制造考究。其中桃园三狮、上金狮、花面狮、青狮较为多见。狮头的眼帘、耳朵、嘴皆可动，狮头上还有一只角，早年狮角甚至以铁制作，以应付舞狮时经常出现的武斗，即斗狮。新狮头在舞狮之前都需要经过"点睛"，一般是由年长者用朱砂在狮的眼睛、耳朵和前额上点涂，并用一条红绳绑在狮角。"点睛"寓意给予狮头生命，象征着好运的开始。

舞狮融武术、舞蹈、音乐于一体。表演时，舞狮会配以大锣、大鼓、大钹，狮的舞动要与鼓声互相配合。锣鼓擂响，由两人拿起狮头耍舞，另有一人头戴笑面"大头佛"，手执大葵扇引狮登场。舞动造型很多，有起势、常态、奋起、疑进、抓痒、迎宝、施礼、惊跃、审视、酣睡、出洞、发威、过山、上楼台、追尾、斗狮等。舞者透过不同的马步，配合狮头动作把各种造型抽象地表现出来。演绎狮子喜、怒、哀、乐、动、静、惊、疑八态，表现狮子的威猛与刚劲。

近年来，传统舞狮，作为东溪节假日、大型活动的固定表演节目，很具有观赏性、娱乐性。

东溪腰鼓

一阵密集的鼓声,从错落有致的穿斗结构房屋的背后传来。在宽阔的水泥大道上,一队队红的、蓝的、黄的游行方阵,从古朴的街巷中脱颖而出,豁然鲜亮,给节日增添了无尽的喜悦气氛。

那清脆的鼓声,硬朗地按摩着观众的耳骨。击鼓者酣畅淋漓的舞蹈更是挥洒自如,神采飞扬。跨出的舞步和着鼓点的韵律,有节奏地扭摆,动作新奇大胆,令人耳目一新,神清气爽。

这腰鼓,使冰冷的空气立即变得燥热了,使恬静的阳光立即变得飞溅了,使困倦的古镇立即变得亢奋了。使人想起,落日照大

传统腰鼓 何磊 绘

东溪腰鼓队在万寿广场表演腰鼓

旗，马鸣风萧萧；使人想起，雷声彻云天，暴雨响烈烈……

东溪传统腰鼓，是一种独特的民间大型原生态舞蹈艺术形式，具有二千年以上的历史。

腰鼓又称为花鼓，是一种以圆木掏成筒形或用木条箍为筒形，中间大、两头小，两面蒙牛皮或羊皮为鼓面，打击时发出清脆声响的打击乐器，经过无数民间艺人的创造、加工，东溪腰鼓已成为特殊的大众艺术。

腰鼓表演有路鼓、场地鼓、文腰鼓和武腰鼓。

路鼓，指腰鼓队在行进中边走边舞的一种表演形式，前一人领队，这人必须是技艺精湛的击鼓能手，全队的动作变换和节奏急缓，统一由他来指挥。动作简单，幅度较小，多做十字步、走路步、马步缠腰等动作。常用的队形有单过街、双过街、单龙摆尾、双龙摆尾等。

场地鼓，指腰鼓队到达表演地点，打开场子后的表演形式。开始时由领队号令，顿时鼓乐齐鸣，众舞者翩翩起舞。这一段叫踩大场，表演节奏缓慢，稳住观众情绪；第二段载歌载舞，表演节奏渐快，动作幅度较大，队形变化繁多，极富感染力。

文腰鼓，轻松愉快、潇洒活泼，动作幅度小，类似秧歌的风格。

武腰鼓，指欢快激烈、粗犷奔放，并有较大的踢打、跳跃和旋转的动作，尤其是鼓手的腾空飞跃技巧，给人们以英武、激越的感觉。

东溪传统腰鼓的特征。一是审美性。腰鼓作为大型民间艺术展演中的代表，其中运用了许多元素，它不但以多种形制与敲击方法用于乐曲演奏或伴之以舞，同时也是古人举行祭祀、祈求神灵保佑风调雨顺、国泰民安和庆贺佳节时不可或缺的舞蹈。二是观赏性。腰鼓是百姓钟爱的一种民间广场群体艺术，随着社会的不断发展，表现出不同的艺术功能，同时也在不断地完善自身的艺术表演形式。三是文化性。腰鼓艺术所表现出的天人合一的原始文化心理与大众普遍文化心理的体现，在于拥有人与自然和谐统一、团结奋进一致的文化内涵。

近年来，东溪传统腰鼓，作为节庆的固定节目，同时走进了社区、乡村、学校等，成为广大群众欣赏传统文化节目的大餐，赢得了广泛赞誉。

东溪木雕

时光飞逝，物换星移。随着人们生活品位的提高，东溪传统工艺木雕的精品，焕发出新的生机和活力，其雅俗共赏的独特之处，颇受文人雅客和民众的青睐。

漫步在南华宫、万天宫、王爷庙，穿梭于各间木雕工作室、展示厅以及制作坊，深深地为东溪木雕的精湛技艺所吸引。无论雕刻手法是沉雕、浮雕、圆雕、通雕等，还是表现人物、花草、树木、飞禽走兽等主题，都体现了东溪艺人浓郁的乡土情结，令人叹为观止。

木雕，是东溪的一种传统民间工艺，其中黄氏木雕为区级非物质文化遗产。

东溪保存至今的木雕佛像，是古代艺术品中的杰作，具有造型凝练、刀法熟练流畅、线条清晰明快的工艺特点。

2011年7月14日，副市长凌月明在东溪木雕坊调研木雕制作及销售情况

2011年5月26日，市政协副主席杨天怡等一行，在县政协主席张健等陪同下，在东溪木雕坊了解传统木雕技艺传承情况

　　东溪清代的木雕品题材，多见为生活风俗、神话故事，诸如吉庆有余、五谷丰登、龙凤呈祥、平安如意、松鹤延年等木雕作品，是木雕艺术的一个高峰。

　　俗话说："人巧莫如家什妙。"看一个人的手艺如何，只须观察一下他的工具便能知晓，而工具的保养修饰，也能证明劳动者素质的高低。在木雕创作中，工具齐备，会磨会用，不仅能提高工作效率，而且在造型上能充分发挥自己的技巧，使行刀运凿洗练洒脱，清晰流畅，增加作品的艺术表现力。

　　在选择使用刀具时，要注意掌握刀头厚薄在用途上的区别。所谓刀头，就是实际使用的那段刀面。但刀头越薄越锋利，牢度也越差。根据这种情况，开毛坯的刀头可适当厚些，以经受锤子的敲击和用力掘挠；修光用的刀则薄些，方可将木料刻得光洁不隙。

　　木雕技法。木雕选材，木头有的松软、有的粗硬，一般木头松软的易雕，粗硬沉重的难雕。木质坚韧、纹理细密、色泽光亮的称之为硬木，如红木、黄杨木、花梨木、扁桃木、榔木等，具有雕刻的全部优点，是雕刻的上等材料，适合雕刻结构复杂的、造型细密的作品，而且在制作过程中和保存时不易断裂受损，有很高的收藏价值，只是雕起来比较费工夫、容易损伤刀具。

　　比较疏松的木质，适合初学者用，如椴木、银杏木、樟木、松木等。这类木材适合雕刻造型结构简单、形象比较概括的作品，雕

南华宫木雕　文武榜

凿起来也比较容易，但因其木质软、色泽弱，有的需要着色处理，以加强量感。有些木纹比较明显而且变化多端，如水曲柳、松木、冷杉木等，就可以巧用木纹的流畅、木纹的肌理，作一些较抒情的作品。

刻木雕通常要先画创意稿，再用墨线勾画放大到木材上；粗坯是整个作品的基础，它以简练的几何形体概括全部构思的造型，要求做到有层次、有动势，比例协调、重心稳定、整体感强，初步形成作品的外轮廓与内轮廓；凿粗坯可从上到下，从前到后，由表及里，由浅入深，一层层地推进。凿粗坯时还需注意留有余地，如同裁剪衣服，要适当放宽。民间行话说得好："留得肥大能改小，唯愁瘠薄难复肥，内距宜小不宜大，切记雕刻是减法。"凿细坯先从整体着眼，调整比例和各种布局，然后将具体形态逐步落实并成形，要为修光留有余地。

修光，运用精雕细刻及薄刀法修去细坯中的刀痕凿垢，使作品表面细致完美。要求刀迹清楚细密，或圆滑、或板直、或粗犷，力

万天宫木雕　空城计

第三章　人文传承　99

东溪黄氏木雕传人黄小波

求把作品意图准确地表现出来。

打磨，根据作品需要，将木雕用粗细不同的木工砂纸蹉磨。要求先用粗砂纸，后用细砂纸。要顺着木的纤维方向打磨，直至理想效果。

着色上光，用一支硬毛刷、一支小硬毛笔、一只调色缸。着色的颜料一般是用水溶性的，如水粉、水彩或皮鞋油。它们的特点是覆盖性小，有较强的渗透性。油画的丙烯颜料不宜使用。

当艺人雕完了一件作品，从紧张的工作中解放出来，看到自己亲手制作的作品，有如孕育生命的诞生，会有一种成功和收获的快感，细细品味似经历一次死与生的过程，这便是创造的魅力。东溪南华宫、万天宫等穿枋上的浮雕，就属镂空的深浮雕与圆雕相结合，画面有立体感，栩栩如生，呼之欲出。

现代家居点缀以木雕挂件、屏风隔断和几件雕花案几，就显得现代中蕴含着传统，明快活泼中透着沉静含蓄，简练中显露出渊博，犹如一曲高山流水，意境盎然。

义门陈氏

解放前，东溪最显赫的"陈、罗、夏"三大家族中"义门陈氏"排在首位，可见陈氏家族在古镇东溪占有相当重要的地位。

义门陈氏原籍江西省宜黄县，其先祖于清乾隆年间负贩来东溪定居于双桂园，因住宅前边有两棵高大而繁茂的桂花树而取名。

后来，陈氏兄弟俩在太平桥场上各开一家商号，一名永茂，一名松茂，又兼营冶炼，因此致富。两家共置田地三千余亩，其后子孙繁衍，遂成东溪巨室巨富。

陈氏族记载，义门陈氏始祖是陈旺，字天相，于唐玄宗开元十九年（731年）四月遵祖父陈伯宣之命，由庐山龙潭窝迁至九江郡

义门陈氏

蒲塘场太平乡常乐里永清村，开创基业。

　　自开基以来，陈旺以忠孝节义为本，勤俭耕读传家，建书堂、立家法、敬友邻、睦家人，使义门陈氏家族人才辈出，义风蔚然而日益昌盛，为义门陈氏后来聚居数千口，合炊几百年奠定了文明的良基。

　　义门陈氏自建庄至分析，跨两朝，历时三百三十二年，先后累受唐、宋两朝数位帝王的亲笔敕赐旌表和诸多将相名流诗赋赞誉。

　　唐僖宗李儇于中和四年（884年）御笔亲题"义门世家"，并赐一联"九重天上书声旧，千古人间义字香"以示赞誉。

　　唐昭宗李晔于大顺元年（890年）御笔亲题"旌表义门陈氏"，由此即定名为"义门陈"。

　　南唐王李升于升元元年（937年）赐匾一块，上书"义门"二字，标揭门间。

　　宋太宗赵匡义于淳化三年（992年）七月十五日御笔旌赐"忠者世家"，又于至道二年（996年）旌赐"真良家"和"义居人"，同年下诏将"义门家法"收藏于国史馆，并遣内侍裴愈赐御书三十三卷在义门敕建御书楼，将"真良家"三字悬挂门首。宋真宗又于咸平三年（1000年）为义门亲题："水阁山斋架碧虚，亭亭华表耀门间。祖宗遗下林泉汁，子孙相承孝义庐。原上鹡鸰常救难，庭前棠棣每添辉。疑川郡派传千古，芳振江南绍有虞。"后又题"问道江南谁第一，咸称惟有义门陈"的诗句以示赞颂。

　　宋真宗赵恒赐联"聚居三千口人间第一，合炊四百年天下无双"，并于天禧四年（1020年）敕于旌表门外，筑高台丈许，亲题"旌表义门陈氏"六个大字。

　　宋仁宗赵祯嘉祐五年（1060年）追封义门陈氏五世祖陈旺、陈机、陈感、陈兰、陈青分别为晋国公、齐国公、吴国公、燕国公、许国公之谥号，又于嘉祐七年（1062年）赠义

天下第一家

门分庄一诗中写道:"江洲久著义门庄,珠辉玉廊孰同行。蒂固根深谁与并,庄上分庄岁最长。谩夸诗礼追邹鲁,须信簪缨赛谢王。子孙各知道义范,永于瞬德有重光。"时年义门陈氏建庄已历时331年,3900余人聚居合炊。

据义门陈氏宗谱记载,嘉祐七年(1062年)义门人口增至3900余,同年七月在文彦博、包拯等重臣的力谏下,仁宗皇帝终于下诏劝其分家。从当年的七月到第二年的三月始议定分家事宜:按宋太宗御赐的十二字"知守宗、希公汝、才思彦、承延继",以第十五代人为分庄主,按派分析大小291庄,依派拈阄,迁往各地。

据2010年第六次全国人口普查,国内陈姓人口5440万。2013年统计新百家姓国内陈姓6130万,居国内百家姓第五位。

据查,中国共产党的著名人物陈云、陈毅、陈赓,国民党元老陈立夫、陈果夫、国民党将领陈诚、中共早期著名领导人陈独秀等,都是江州义门陈氏分散到各地支派的后代。

民国十六年(1927年),陈氏把双桂园扩建为宗祠,命名为"陈氏新村",规划其子孙尔后悉于此营居,以示不忘乃祖发祥之地,所以不名"宗祠"而曰"新村",但人们仍叫其双桂园。

双桂园,由三个四合院组成,整个结构为土木结构,重檐悬山顶,内面房顶有浮雕,墙上有水墨画,顶部刻有"陈氏新村"字样。

双桂园的右侧,为发源于贵州习水的东丁河,清流激湍,引为流觞曲水,人称"流杯池",是陈氏某孙求学荣归,办酒与亲朋聚庆的遗迹。渠形如"弓"字而多又叠,凿于临河石滩,引水灌之,于每一曲处依次列坐众宾,斟酒于"羽觞",其流歇所在为谁即罚谁以"金谷酒数"。此本前人"修禊"故事,陈某以"高中"而得意忘形,故有此举。

双桂园临近有一座天然的黄葛桥,桥本两条石梁,因桥两头硕大的黄葛根穿梁缝而连接两岸,天长日久,根挤石开,竟成一座黄葛桥。人传,乃双桂园地脉所钟,即陈氏发达异兆。

民国二十八年(1939年),国民政府中央军事参议院常务副院长张麓生(翼鹏)书"义门世家"四字于双桂园中央门楣,寓有文

东溪陈家祠堂

明处家之意。门右联："乃安斯寝"，左联"莫之与京"。意思是说在此工作、生活和居住，与南京城相比，没有什么区别。这说明双桂园所处位置和环境的优美。

抗日战争时期，国民党政府由南京迁都重庆后，所属各级机关分设市郊及附近区、县、镇。国民党中央委员会军事参议院（信箱代号16号），便由重庆迁到东溪后，院部设在"陈家祠堂"，即双桂园。

军事参议院迁驻东溪的九年中，陈氏家族不仅义务把双桂园用于办公场所，还把石坝嘴陈家院、东溪中学石泉庄、明善书院等用于国民政府高官及家属居住，充分体现"义门陈氏"家风，颇受人们称颂。

陈氏家族中的陈鏮于清乾隆年间捐置雀子石义渡，道光年间重修了镇紫场孝感桥等。陈燮坤创办明善书院、督建琵琶山寨。陈硕藩民国时期创办东溪孤儿院、陈氏坤维女子学校等。这些无不体现了"义门陈氏"的急公好义的美德。

太平桥码头

码头，一个众多人群流动的词语。千百年来，人头攒动，像一河大水，一旦决堤，是一种繁复的景象。码头上零散的风声与星光，像倾斜的闪电，光怪陆离。

太平桥码头的繁华，撑起明、清、民国岁月，撑起古老兼容并包与豪放。东丁河、福林河汇入綦江河，三河风情形成这个码头。码头边挂一幅老油画，画里仍有李太白、明武宗、曹丞相、杨闇公、罗振声等的身影，久久凝固的岁月就这样挂在码头。

一次次张望码头，两千年心潮堆积。虽然风云变幻，这里仍有古道蜿蜒延伸，夹壁墙瓦屋炊烟。渔歌钓千秋风月，碧玉汪汪，风轻云淡，黄葛树古朴参天。

东溪太平桥峡谷风光

　　静听河水奔流，静观天际流云，码头在水岸幻变关索桥军马、丹溪县遗迹、太平桥石狮、王爷庙戏楼、米案风潮……

　　承平滩半边街里，剩下许多无人可知的古迹。传统习俗，炎凉世风吹歪了古代。夕阳渐要隐没，灯火渐见通明，我又漫步到太平桥码头。眼前这明、清、民国时期川黔船只在此登岸，东溪的重要交通枢纽，盛满了人们关于"川黔交界最大水码头"之称誉的记忆。想象着数百年前连接川黔的水运辉煌，让码头大道骡马车行、饭馆客舍密集，客商如云，繁盛无比的过往。此时的綦河，正流淌着晴空万里的波光，在记忆深处闪烁。

　　自古以来，东溪就是一个水运十分方便的地方。多少货物在此吞吐，无数人物在此沉浮。码头成就了东溪的繁华和富庶，码头文化注入了东溪人的血脉。

　　太平桥码头，初名夜郎溪码头，始建于西汉初年（前202年），三国时易名瓮渡河码头，唐高祖时易名丹溪码头，唐太宗时易名东溪码头，明太祖三年（1370年）因建成太平桥，定名为太平桥码头。据《道光重庆府志》载，"然则此地，崇山峻岭，源汇溪深，坠岩三仞，惊涛乱激。"宋代刘望之诗曰："山盘四十八面险，云暗三百六旬秋。"彰显了当时码头地势险要，水流湍急。

太平桥码头，依托綦江河，下达长江，上溯黔境。作为川黔要道的重要口岸，太平桥码头既是东溪场的发源地，也是解放前綦江河上游最大的货物集散码头，是当时煤、铁、盐、糖、酒、粮食、桐油及各种土产等大宗货物出入川黔的重要通道。民国初年在此专门设立了船舶管理处，日常停靠船只在600只以上。抗战时期，每天停泊船只达3000只以上，多时达5000多只。日有力夫500余人、驮马1000多匹，在此搬运货物。川黔古道上人喊马嘶，甚为繁忙。每当夜晚，码头沿河两岸，船火点点，人声鼎沸。

解放后，因川黔公路、川黔铁路的畅通，码头来往船只急剧减少。20世纪80年代末，东溪木船社解散，码头太平渡口只有一只乌篷船渡人。20世纪80年代初，建了一座铁索桥。1996年，东柴公路大桥建成使用后，渡船与铁索桥也消失了，码头功能不复存在。

码头文化的流动性，赋予东溪人更多的开放性和兼容性；码头文化的竞争性，赋予东溪人更多的危机意识和较强的求生意志；码头文化的多元性，则赋予东溪人更多的适者生存能力。

每天，远方的游客端详码头，仰望码头，东溪人热爱码头，尊崇码头，以码头为骄傲，码头也寄托着东溪人在保护与建设中国历史文化名镇中续写新辉煌梦想的新希冀。

国画路转溪桥有人家　周德尤　绘

香包

一枝花点燃春天,一卷书惹人沉思,一香包寄寓爱情。是谁站在历史的画卷里,巧笑倩兮,美目盼兮。《诗经》中就留传下用香包表达爱情的遗风,赠送香包给喜欢的人,有诗为证:"视尔如荍,贻我握椒。"香包逐渐成为定情信物,香气能随时诱起对恋人的思念。

香包,又叫容臭、香袋、香囊、荷包等,是东溪的一种民间刺绣工艺品。它用彩色丝线在彩绸上绣制出各种内涵古老神奇、博大精深的图案纹饰,缝制成形状各异、大小不等的小绣囊,内装用多种浓烈芳香气味的中草药研制的细末,以作节令志庆、情爱表达、观赏品玩之用。

送一个香包,传递一份友情,捎去一份好心情,表达一番美好的祝愿,蕴含着丰富的文化内涵和精神取向。

香包,早在屈原所处的战国时代就已是一种饰物了,汉代未成年的男女都是佩带香包的,唐宋时期香囊成为仕女、美人的专用品,清代,香囊已成为爱情的信物了。《红楼梦》第十七回宝玉与黛玉之间的一次"闹别扭"便是由送荷包引发的。而历史演化到近代,香包则多半用于民间

香包 何磊 绘

端午节的赠品，主要功能是求吉祈福，驱恶避邪的。

从东溪民间现存的香包看，大多数以花卉和动物为主图，以隐喻象征等手法表达各种情感寄托和美好向往。如用双鱼、双蝶、蛟龙等象征两性相爱、交合、生育；用莲花、荷花、牡丹、梅花等喻意女性；用登梅的喜鹊、采花的蜜蜂隐喻男性；松鹤象征长寿、石榴象征多子；而利用汉字的谐音做比喻者更是随处可见：送用枣子、花生、桂圆、莲子组合图案的香包给新婚夫妇寓意"早生贵子"；送用猫和蝴蝶戏牡丹组合图案的香包给长寿老人寓意"耄耋童趣"；送用憨态十足的娃娃为主体，周围环绕蝙蝠、桃子组图的香包给小孩寓意"福寿娃娃"……

翻开这一层层厚重的文化积淀，面对这一幅幅多彩的生活画卷，展示在我们面前的是古朴而又拙巧、原始而又鲜活的艺术瑰宝。其实，这才是真正的民俗文化、大众文化、人性文化。

农历的五月五日，这一天家家户户都要过端午节，而在所有的端午的习俗中，最富于静态美和温馨气息的，莫过于制作和佩戴香包。以往由于医药不发达，人们就把具有杀菌作用的雄黄、艾草、菖蒲研成粉末，用布包起来戴在胸前，利用它散发出来的香气使夏天的虫菌不来侵扰，这就是香包的起源。

艺术来自生活，艺术源于灵感。东溪的女孩儿，常七岁八岁便开始学针线，从绣法的生疏，一针一线到娴熟；从颜色的搭配，一块一块到绚丽；从图案的单一，一点一滴到精美……

撷起香囊，仿若穿越时光，顿悟古人"何以致叩叩，香囊系肘后"之深情，"等闲绣在香囊上，寄与东风赠所思"之雅意。

石磨与石碾

　　石磨与石碾，都是石之精灵。现在，上了点年纪的老人，还能说出关于石磨的一个谜语："石头层层不见山，大雪纷纷不觉寒。雷声隆隆不下雨，路途遥遥而不远。"

　　清代著名学者赵翼写过一首题为《咏石磨》的诗："路迢迢而非远，石叠叠而无山。雷轰轰而未雨，雪飘飘而不寒。"这是对石磨表形的写照。东溪农村，现今还有一部分人仍在用石磨磨面、推豆花、推汤粑等。

　　技艺精湛的石雕大师，在刻制石磨时，把石磨的上扇美誉为"阳、天、男"，其下扇称"阴、地、女"。以阴阳交替，天地合二

大石磨磨豆浆

石磨推豆花　何磊　绘

为一，男女结成一体，视为万事万物的根本，大千世界的一统。石雕师又精心地把每扇石磨分成"九方九齿"来雕制。所谓"九方"即每扇石磨用方尺等量分为九个区域，每一区域拿墨线斗弹出不等的墨迹，雕刻成"九道石梁"。"九"在数学中是奇数，含有"多数""不尽""无穷"之意。同时，"九"与"久"又是谐音，演绎出"久久不断"、"九九归一"等吉祥如意的意向。

雕制石磨的石雕家，在石磨的上扇凿开两个小孔，其中一个称其"磨眼"。上扇即为天，此眼也称"天眼"，意即老天睁开了"天眼"，就会关照民间疾苦，让子民们远离苦海，过上美好的日子。常年在"磨眼"中有流淌不尽的粮食，予以捣碎，磨成面粉，让人们"久久不断"地享用着吃不完的食物。石磨的下扇为阴为地为女，中间镶一个不高不低、合辙的小铁柱，定名为"磨肚脐"。此"肚脐"意在女性意向。人们有吃不完流淌的粮食，女性就有生儿育女、传宗接代的美好天职。

一台石磨完工后，不能也不可随意安放就可使用，以传统的习俗讲究，石磨被人们荣尊为"白虎"。即以天象中的四象之神的神位来安置，此为"东青龙西白虎，南朱雀北玄武"的理论，石磨以"白虎"之神，独尊"西方"。由是，乡间每个家园、院落里若有碾磨安置，石碾的方向居东，石磨的方向在西。人们对石磨常怀敬畏之情，告诫人们不能在石磨盘上坐。不论在安放时，还是逢年过节时，都要贴以"白虎大吉"红对联，并焚香叩头以神来敬之。每到腊月初八日，吃腊八粥时，还要给石磨的"白虎"神敬献上"焖饭"。人们对一台石磨怀有人文情怀、宗教信仰、敬畏之情，体现

偏远乡村仍在使用的石磨　　　　　　　　　东丁河河中残存的石碾盘

　　出的对石文化的尊崇、对粮食的需求与企望，尽含其间。

　　今天的石磨，再一次体现自身的价值，散发出昔日的光芒，谱写绿色营养健康的交响曲。

　　石碾，是东溪广大农村用人力或畜力把稻子、麦子、高粱、大豆等谷物脱壳或把米碾碎成楂子或面粉的一种传统的石制工具。20世纪80年代以前，家家户户都需要磨米磨面，碾房里变得异常拥挤。磨面使用生产队的牛，磨面之前用一块厚布把牛的眼睛蒙上。用小米去磨面，先磨的小米被均匀撒在碾盘上，在沉重的碾砣和碾盘摩擦中，碾碎了那些黄乎乎的小米。再用细筛子把面筛下来，转几圈，梆梆敲几下，小米楂倒在碾盘上继续磨，直至变成小米面。磨玉米时，碾盘上那些黄澄澄的玉米，一半变成玉米楂，另一半变成玉米面儿。

　　石碾给金灿灿的谷子脱壳，碾碎小麦、玉米，能与人们同乐同享。碾轧花生秧、地瓜秧甚至是榆树皮时，也不嫌贫爱富，总是不离不弃。碾压熟石灰、麦秸泥时，尽管灰头泥脸，全身脏兮兮的，也能任劳任怨。

　　石碾，总是被农事安排得满满的。一声声"吱扭"，一圈圈转动，从来都是自觉服从人们的安排和选择，承担着生活的重负。石碾是共用的，人们往往天不亮就拿着簸箕、扫帚或碾棍去排队，轮到谁家就安排孩子去叫，很少有人乱插队。如果有的人家有急事或等着米下锅，大家也会很自觉地让他先用。因为在淳朴的乡亲们看来，谁家都会有急困的事儿，给人方便与己方便。一盘石碾承载着邻里乡亲之间那浓浓乡情，演绎出许多乡间故事。

人们对石碾的敬奉是由衷的，大人小孩是不能随随便便在它身上攀爬玩耍、乱刻乱画的。在过年和重要的节日时，人们要在石碾上贴"青龙大吉"的红帖，以祈求来年风调雨顺，赐予丰收年景。

每一次回到家乡，每一次看到陈旧的石碾，我就想，生活就像这推碾一样，只有实打实脚踏实地，锲而不舍，才能有收获和喜悦。

如今，乡村中石磨与石碾的功能作用，大多淹没于岁月的深处，只是在我的记忆里，它们仍在"吱扭扭"、"轰隆隆"地唱着岁月的赞歌，一如父老乡亲对生活的执着和追求。

石碾碾米　何磊　绘

麻乡约

漫步在东溪书院街的丁字路口，青石板依旧，夹壁房依然，一切显得古朴与幽静。那里有一栋砖木结构、四合院布局的建筑，面积220多平方米。正门石门框两侧均由2.5米高的整条石构成，且上方左右凿成三齿形装饰。门为古老的五丘田木质门，每丘田均有斜线条纹点饰，且有10厘米厚。门楣上刻有"当衢向术"四个繁体大字，仍清晰可见。这就是湖广移民填川后裔陈洪义创建于1862年7月的麻乡约民信局。那门上方左右环绕着两个对称的圆形花纹图案，就是当时麻乡约民信局的邮徽。2005年，中央电视台"探索

东溪麻乡约民信局旧址

与发现"栏目记者，专程到这里拍摄中国古邮政史的专题宣传片。

陈洪义，又名陈鸿仁，外号陈跑通、陈麻乡，为綦江陈家坝人。

陈洪义出身于贫苦家庭，十一二岁为人放牛割草，穷得寒冬腊月仍穿短裤，十六七岁时在煤窑捡炭花卖。二十左右，先在东溪、重庆抬过街轿子，后在川黔道上当夫子。因为肯卖力，常为夫头义务挑东西，便做了小夫头，给大夫头当"二把夫头"。明末清初"湖广填四川"时，湖北省麻城县孝感乡有大批农民被迫迁至四川，由于思念家乡，每年都要推选人员回故乡探望，往返带送土特产和信件。时年，民间流传明朝永乐年间的麻乡约（当时的"麻"，指湖北麻城；"乡约"，相当于后来的保、甲长等职务），办事秉公，讲究信义，深受民众信赖。而陈洪义这"二把夫头"也爱为人排解纠纷，甚至解囊调解至纠纷双方平息为止。人们感其热心为民，如昔日的"麻乡约"再现。说来事巧，陈洪义本人面生麻子，人们有意称其为"麻乡约"。

东溪有一官员名叫唐鄂生，因调动升任云南都督，陈洪义有幸担任轿夫，抬得唐母所乘坐轿，一路四平八稳，且侍候周到，其母甚喜。

在贵州郎岱县县城，唐鄂生为纪念本人生日和迁升之喜，设宴以庆，并许以少量酒肉款待脚夫。

是日晚，陈洪义则多备酒肉，大宴脚夫同行。唐惊问其故，陈则戚容满面，道出今乃母难之期，孝道未尽，尚在为人下力，今宴同行，以示祷念；更乃今是吾生日，安有不宴？唐视其忠厚朴实，与自己同日所生，于迁升途中遇此人视为"吉兆"，遂生提携之意。

陈洪义把唐鄂生之母平安抬到云南昆明。1852年3月，身着官服的唐鄂生问轿夫陈洪义："欲做官否？"陈直言相告："谢唐大人，本人从未读过诗书，不敢为官。"唐又问："欲做何事？"陈答："我乃下力出身，只欲设一信轿行。"唐关切地问："信轿行以何名招牌？"陈答："众人有意称我'麻乡约'，愿以此为名。"

唐鄂生颇讲信义，于1852年4月帮助陈洪义在昆明建立了

东溪麻乡约古邮路

"麻乡约大帮信轿约",除将部分公文函件交其递送外,同时函告四川、贵州、云南各有关衙署,对陈洪义开设信轿行予以大力支持和保护。陈洪义,时任麻乡约大帮信轿行董事长。1862年3月,31岁的陈洪义回到东溪,拟创办东溪麻乡约民信局。

陈洪义约请东溪陈、罗、夏、陶四大家族的主事人到承平滩半边街聚会,商谈开办"东溪麻乡约民信局"的事宜。陈氏家族的主事人陈宴清主动将书院街处地块置让给陈洪义开办民信局。

1862年7月,东溪麻乡约民信局正式营业。麻乡约的经营范围,过去一般人给了它六个字来概括,就是:"管得宽,管得长。"所谓管得宽,指的是无所不运;所谓管得长,指的是远者京、津、沪、汉,近者西南三省境内的穷乡僻壤都可以运到。它的主要业务是客运、货运和送信三种。经营客运的招牌叫"麻乡约轿行",经营货运的招牌叫"麻乡约货运行",经营送信的招牌叫"麻乡约民信局",合称之为"麻乡约大帮信轿行",简称"麻乡约",后来"麻乡约民信局"三者兼做。

陈洪义在抬过街轿子、做小夫头的时候,即时常为商号捎带信件,他发觉,经营这种业务,除了能收到信资外,还可以取得像"赏银"这样的额外收入,是一桩获利既多而又十拿九稳的生意。因此,他在设立轿行时,也兼营送信业务了。

麻乡约民信局起初生意并不是很好,陈洪义为了打开局面,扩大营业范围,做了两件事。一是有一位官员,名叫丁元亨,欲觅一人从昆明送信物至成都。陈洪义获悉后,立即托人"担保",将信物快速送到成都,丁姓官员在官场中广为夸奖,陈洪义便得到了官僚们的支持。二是滇黔盐岸一带的商号、票号与川黔两省的盐商和银钱帮的信函往返,多由马帮递送。陈洪义为了满足商家的要求,就组织专人负责传递,为商号、票号、盐号所欢迎,赢得了滇黔各地商界的信赖。从此,滇黔各地商界的信件和汇款,几乎全部由麻乡约民信局承揽下来了。

清同治五年(1866年),陈洪义在重庆、成都、泸州、康定等设立了民信分局,并视路线远近,行程难易,规定了信资标准、日程长短、寄递方法和每月寄递的次数。

起至地点　信资　日程　每月次数　寄递方法：

东溪至重庆、成都 32 文 8 日 9 次陆路

东溪至重庆、成都嘉定 40 文 10 日 9 次陆路

东溪至重庆、成都泸州 24 文 4 日 9 次陆路

东溪至重庆、成都贵阳 72 文 11 日 9 次陆路

东溪至重庆、成都昆明 150 文 24 日 9 次陆路

东溪至重庆、成都打箭炉 100 文 15 日 9 次陆路

麻乡约民信局快站信函中，最出色的是"火烧信"和"么帮信"。火烧信是烧去信封的一角，向跑信的夫头表示，要特别注意，加急快递，火速送到。云南天顺祥有一次寄这种信件至东溪，除付例资外，另外加付了两吊钱（一千文为一吊，约值一两纹银）。么帮信，外用数层油纸包封，避免雨水浸湿，信上并缚一小木片，万一不慎落入水中，不致沉没。如用肩挑，将信包紧缚在两头向上弯的扁担的尖端上，利于迅速攀山越岭。特派急快跑信夫头，不能多带其他信件，郑重专送，以期安全快速送达。

麻乡约民信局快站的日程，较正站的日程通常提前二分之一时间到达，特殊情况下的可以提前三分之二时间到达。快递方法，通常情况是日夜步行，如昆明到贵阳到东溪二十二昼夜，昆明至叙府十二昼夜。特殊情况下是雇用马帮日夜兼进，如重庆到东溪到昆明十五昼夜。

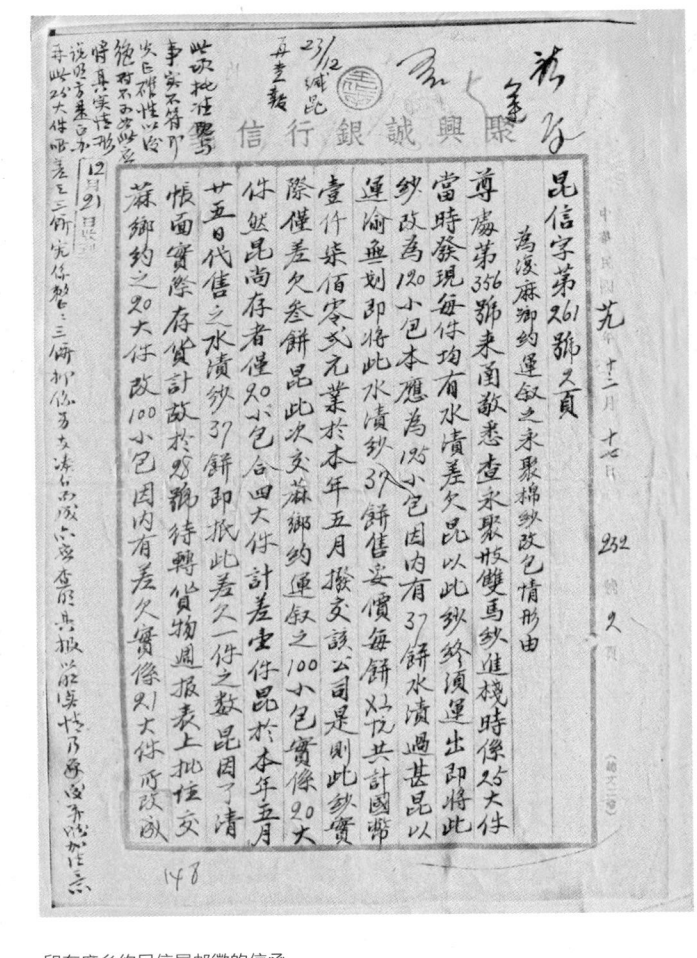

印有麻乡约民信局邮徽的信函

麻乡约民信局的汇兑方法有两种：一种是相互兑用，是指在麻乡约民信局的营业范围之内，交付汇兑的银子进行相互兑用，直接填写收取汇票单据，据此在汇抵地麻乡约汇兑处领取相应数目的银子。如东溪和昆明的银子，托交麻乡约民信局后，互相打兑，并不将银子直接运送到东溪或昆明。这种方式，多用于商业范围内，具有便利、安全之优势，十分类似于今天的邮政汇兑业务。当时盐号、票号所汇的银子，经常采用这种方式处理。另一种是将所托汇的银子直接运送到目的地。这种方式，多用于官方汇款，当时的盐务银子、协饷、京饷等都是如此处理。其收取的汇费，也是面议。对于汇票之类，大多是以价值和距离计算收取费用的。光绪初年的收费标准为：四川省内的如经过东溪至重庆寄至成都、嘉定、叙府等地，每千两银子，收取的汇费约六两银子；汇至省外如由东溪寄至昆明、贵阳等地，每千两银子，收取的汇费约八两银子。对现金之类，大多以距离、重量和价值计算收费，光绪初年的收取标准约为：四川省内，如由东溪重庆寄出至成都、嘉定、叙府等地，每值千两者，收费约十二两；寄至外省，如由重庆至东溪寄至贵阳昆明等地，每值千两者，收费约十六两。因为麻乡约的邮路广、信用强、资金雄厚，每年承接的汇兑业务较其他民信局要多些。清代同治末年到光绪初年，麻乡约民信局每年为票号、盐号、商号所寄递的汇票和现金数目，最高时曾达到三百万两银子，对于川、黔、滇、康等省商业的发展，起到了一定的促进作用。

麻乡约信局，内设立有柜台，邮筒。每一铺店，分设管事、夫头、脚夫、杂役等人若干。铺面高悬招牌，店名下面详列信件投递地名，招徕顾客。店门之内，设一柜台，邮件来时，管事当面议定信资，在信封上书明例资数或快跑赏银数，并详细记入账本，然后分派夫头负责投递。

麻乡约责任赔偿制度的主要条款是：凡人力不可挽救的火烧、水淹，免赔；夫头途中遇难身亡，免赔；如遇盗匪抢劫，赔一半；其他如有损失、贻误，全赔。光绪初年，陈洪义承接了一笔由东溪兑云南的协饷，行至老鸦滩时，渡河遇风，船内破损，饷银落入水中，虽然经过打捞，但是仍有小部分未打捞起来。对此，麻乡约民信局全部承担了赔偿责任。

光绪二十二年（1896年）时，清朝设立"国家邮政局"，麻乡约民信局的业务范围逐渐缩小。陈洪义于1902年3月去世，营业开始停止发展，到民国以后逐渐衰落，于1949年歇业。

麻乡约，可以说是现代快递的鼻祖，演绎并见证了东溪曾经的繁荣与辉煌。

第四章 传说故事
CHUANSHUO GUSHI

每一个古镇,都有美丽而古老的传说。东溪古镇在这一点上与其他古镇一样。

在东溪古镇这片神奇的土地上,有着关于三皇五帝、神仙寺庙、山川河流的人物及故事传说,带有明显的川东特色,其自然风景、大山溪坝、风土人情都与古镇的历史、文化、风俗、方言有不可分割的关系。随便你踏上古镇的哪一片土地,其古镇传说中的气息、味道都会扑面而来,可惜的是你或他真的只可意会、不可言传。

那你的脚步,请随着我的文字来到古镇,听一听古镇那古老的故事和传说。

正德王微服私访

一个古老的故事，只能从从前讲起。

那是一个夏日的夜晚，公元1515年农历八月十二日，一个称呼为正德王的人身着微服，带两个随从悄悄来到东溪镇紫街上。正德王何许人也？据说是明朝第十一代皇帝武宗朱厚照，人称正德王，他为什么要到东溪镇紫街上呢？当时在正德王朝廷当丞相的人姓曹名永正，他的家就住在东溪镇紫街范家坝，距场镇一公里许。曹丞相年满七十，向正德王告假回老家镇紫街范家坝办七十岁寿宴。正德王到镇紫街上时，已是夜深人静，所有店铺都关门了。他从上场走到下场，始终都没有找到住宿的地方。正德王到了观音寺，见寺门未关，便进去住下。寺内蚊子颇多，辗转难眠，便不耐烦地脱口而出："尔等蚊子真不知天高地厚，竟然无故咬朕，速到外面石头里去吃露水。"皇帝是金口玉言，一言九鼎，即使错了，也是圣旨。蚊子见皇上发怒，闻言而出。后来人们果然发现寺外那根高5米、直径2米的大石柱上有一个鸡蛋大小的洞，

明朝正德皇帝

里面却有一小凼水，不少蚊子在洞里飞来飞去，发出嗡嗡乱叫的声音，见者无不称奇。

离曹丞相的生日寿庆还有两天，正德王身着微服，在镇紫街上的一家饭馆吃了早饭，徒步经观音岩到东溪太平桥看水码头，观古盐道，好一派热闹非凡、百姓安居乐业的景象，令正德王流连忘返。当他离开东溪时，已是日落月升之时，他走到离镇紫街二里许的求雨岗时，已是夜深人静，他孤身一人借着月光赶路，走到路边一草舍，尚见屋内的油灯灯光，可知屋内的人还不曾入睡，正德王便上前敲门，想在此户人家借宿，体验农家生活。这家农户当家人姓周名举，两年前已经去世，只剩下其媳妇和八岁大的儿子，母子二人相依为命，过着非常贫寒的生活。深夜听到有人敲门，周举的媳妇心有不安，顿起戒心，且由于周家家境贫寒，母子共居一间独屋，没有多余的床铺，客人自然没有住处。她对着门缝对正德王说："客官，我们家穷，实在没有住处，请到别处去吧。"正德王此时肚中饥饿，又精疲力竭，哪里还走得动呢，只好再三恳求，说道："如你们家屋里没有住处，就让我在你们家的屋檐下暂宿一晚吧！"周嫂听此人说话言辞恳切，话中充满善意，不像那些邪恶之人的言行，顿生同情之心，便把门打开，把正德王让到屋里坐。周嫂见正德王困乏之中仍不失轩昂气宇，便问道："客官，你吃过晚饭没有？"正德王回答道："我连中午饭都还没有顾得上吃，哪里吃晚饭啰！"于是周嫂便把准备留作第二天早饭的包谷稀饭端出来，放在桌子上，取来碗筷，并先盛上一碗递给正德王说："客官，我家没有好的饭菜招待你，你就将就吃点吧！"因为接连两顿没有吃饭，走的路又多，正德王饿得慌，虽说是包谷稀饭，也觉得分外好吃，分外香，分外可口，连声称赞：

明武宗题写第一名山简介牌

"好吃，真好吃。"当然，正德王并不知道包谷稀饭是什么煮成的，因在宫中，包谷是从来不入厨的，便问："嫂子，你这稀饭是用什么粮食煮的？"周嫂吃惊地说："是包谷煮的呀，难道你没吃过？"正德王见稀饭的颜色是黄澄澄的，与金銮宝殿的颜色相差无几，而且又如此好吃，便说："这哪里是包谷呀，简直是玉米哟。"据说从此之后人们就把包谷叫作玉米了，这种称谓一直传承至今。

正德王吃完饭后，周家嫂子便叫儿子周三把客官睡觉的铺铺好。周三就去搬了一个大斗筐放到屋檐坎，又取了一件蓑衣和一个印子（古代量谷物的一种器物）放在斗筐内，就算把铺给客官铺好了。于是周三请正德王休息（睡觉）。正德王一看，满腹狐疑，心想这就是给我铺的铺吗。正德王问周三："这个圆圆（指斗筐）是什么？"周三答道："客官，这是盘龙铺。"正德王又指着蓑衣问："这个筋筋蓑蓑的东西是什么？"周三答道："客官，是龙须毡。"正德王又不解地问："这个方方的又是什么？"周三答道："客官，这是玉枕。"这时，正德王不由一惊，暗想这孩子小小年纪，他并不知道我的身份，更不知道我是当今皇上，却又好像是把我当作皇上跟我答话，而且又回答得这样得体，又如此不俗而文雅，真是一个超凡脱俗的奇才。于是便问周嫂："嫂子，你这孩子多大了，叫什么名字？"周嫂答道："他今年八岁了，叫周三，因为我家穷，前两个孩子因生病无钱治而夭折了。他爹去世两年了，我没钱叫他上学，还没有给他取书名，真叫客官见笑了。"正德王说："周嫂子，我看你这孩子小小年纪，虽还没有上学读过书，但说起话来却是这样的流畅通达，真是一个世间少见、绝顶聪明的好孩子，你真有福气啊！"周嫂见客官如此这般夸奖他的儿子，心里自然十分高兴。善良聪慧的周嫂暗暗思量，这位客官虽穿着一般，但举止谈吐都与常人不一样，也许有点来历，不如把儿子拜继给他，日后也好有个关照和提携。于是便诚恳地对正德王说："客官既然如此这般夸奖我这儿子，可怜他现在又没有了父亲，如果客官不嫌弃，就让他拜继给你当干儿子吧！"正德王说："那当然好啰。"聪明的周三听母亲和客官把话都说到这个份上了，就赶忙走到正德王面前，下跪叩头道："干爹在上，儿子这厢有礼了。"喜得正德王心花怒放，龙颜

第四章 传说故事 125

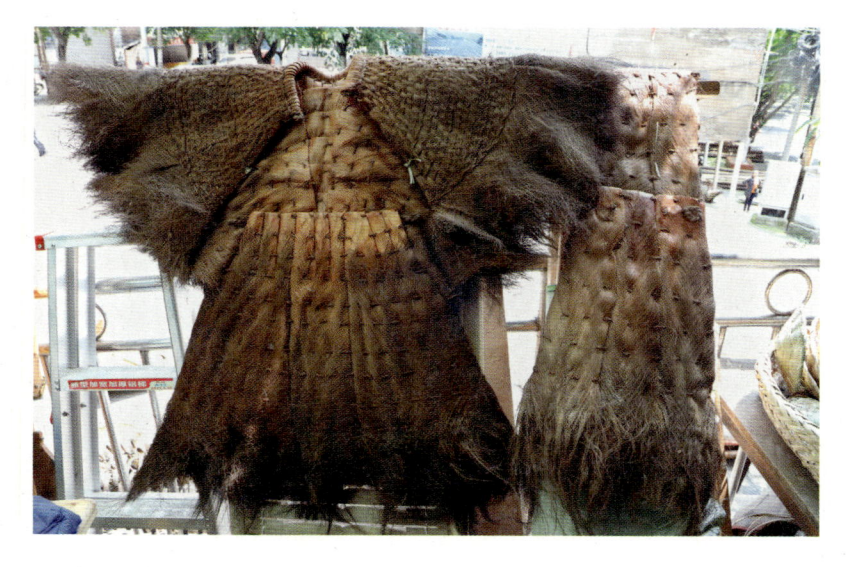

明武宗晚上曾用蓑衣当被盖睡觉

　　大悦，连说三个："好！好！好！"就这样，正德王便收下了周三这个干儿子，赐姓赵，名尚为。这时夜更深了，周嫂让儿子陪正德王一起睡，正德王问周三："这个圆圆，我睡觉怎能伸得起脚？"周三答道："干爹，这是盘龙铺，当然就要盘着睡了。"于是正德王就蜷缩着身子睡，周三就睡在他的怀抱里。正德王睡在斗筐里，回想他今夜的遭遇，虽说睡的地方不好，但却遇上这家虽然贫穷但却非常善良的母子，而且还收了一个聪明乖巧的干儿子，感触良深，不禁诗兴大发，便作诗云："盘龙龙须玉枕床，八岁孩童陪君王，父子对答如流水，他日为曹千金郎。"正德王心中决定做大媒讨曹老丞相的千金小姐作干儿子赵尚为未来的妻子。

　　第二天早晨，一轮朝阳喷薄而出，正德王站在屋前地坝上，眼见范家坝人欢马叫，人来人往，鞭炮盈耳，彩旗招展，好一派热闹非凡的景象。正德王自然知道，这是曹丞相七十岁生日来临了，但他假装不知，对周家嫂子问道："亲家，下面那里在做什么，这般热闹？"周家嫂子答道："亲家有所不知，那里是曹丞相举办七十岁生期酒，要大宴宾客呢！"正德王顺着问道："那么，亲家，你去不去呢？"周嫂说："我们家穷，送两升包谷籽，恐怕人家看不起。"正德王说："亲家，你不用愁，我给你一件东西，你拿去送，包他满意。"周嫂说:"那当然好啰。"于是正德王便叫周三去拿个碗来倒扣在桌子上当作墨砚,自己打开包裹取出笔墨和朱红纸,挥笔在正面上写上"圣旨"二字,在反面上题诗一首"尚为虽然年纪小,说话做事很灵巧。本王心意已决定,把你千金许配了。"写好后正德王问周嫂:"亲家,你家有谷盆没有?"周嫂说:"有!"随即周嫂便找来谷盆,正德王吩咐周三:"你把这张纸扣谷盆上,当你走到曹丞相家附近时,才把这张纸拿出来放在谷盆里,写有'圣旨'二字的一面朝上,双手将谷盆顶在头上,在人多的地方,口头连呼'圣旨到',一直呼叫到曹丞相设置的寿堂。"当周三呼喊着"圣旨到"走到曹丞相的寿堂时,曹丞相赶忙穿好官服到寿堂接旨,接旨一看,便知道这是正德王手笔,并且还给他的小女儿赐了婚,自然是喜出望外,忙跪呼"谢主隆恩!吾皇万岁!万岁!万万岁!"随即便问周三:"写这个字的人现在哪里?"周三回话:"在我家里。"又问:"你家住哪里,家里还有些什么人?"周三回答:"我家就住在对面求雨岗上(随即用手一指),家里只有母亲一人。"曹丞相连忙安排管家带周三去洗澡,换上最好的衣服。同时立即安排自己坐的八抬官轿和一副四抬官轿前往求雨岗迎接正德王和周嫂。这样一来,曹丞相的七十寿庆就增添了新的光彩,皇上亲自登门祝贺,皇上为小女赐婚,确为双喜临门,风光无限。

公元 1515 年农历八月二十四日,正德王起驾回宫时,把周嫂和干儿子赵尚为都接到京城去了。正德王对赵尚为特别关照,时刻鼓励他学习成才,十五年后,赵尚为官居兵部侍郎、吏部侍郎等职,身份显赫……

这真的只是传说,只是许多地方,有的尚在东溪可以找得到遗迹,或许有的根本就不存在,但那是东溪人的福气。

明武宗晚上曾用竹编大斗笠当床铺睡觉

第四章 传说故事 127

正德王降旨整治綦江河

明朝正德三年（1508年），正德王微服私访，来到了綦江县安稳里麻城（今东溪镇镇紫街，下同）。他看见綦江河由南向北，由贵州夜郎坝、松坎，流入綦江县石门坎、赶水，经东溪太平桥、麻城、盖石、三江，经綦江县城，流入江津县境，在顺江口注入长江。綦江河，古名夜郎溪、僰溪、南江，全长231.3公里，流域面积大，河水流量大，水力资源丰富，而且"水作苍帛色"。年久无人治理，两岸杂草丛生，河道泥石阻塞，致使一江河水白白向北流去。正德王设想：綦江地势偏僻，交通不便，百姓生活困苦，如果把綦江河整治开发出来行船，为人民造福，不是很好吗？

綦江河羊蹄洞古渡碑

于是，正德王回到京城后，赓即降下圣旨，饬令四川布政使司重庆府知府孙公豹清理整治开发綦江河。重庆府知府孙公豹奉旨立即招募石匠、民工，并亲自多次到现场督办，指挥民工们砍伐綦江河两岸影响河道通行的树木、杂草，清掏河道的泥石，石匠们用大锤打掉河床的巨石和浅滩的岩石，疏通河道。綦江河经过清理整治后，载重几吨的木船，可由綦江县城经三江，到达东溪太平桥水码头，洪水期间，竹筏或木筏可顺水北下，漂到綦江。至此，綦江河道的雏形基本形成，可以通行一般的船只。

现当代的綦江河治理又是怎么样呢？

綦江河，是一条英雄的河流。各方英雄显本色。

民国时期，蒋介石蒋委员长来过綦江河，视察的是蒲河上的两座闸坝而已，那时綦江河上也开始了梯级闸坝的建设，建设闸坝的目的是运输抗战物资，綦江河上游重要的物资是铁矿。

綦江河开始治理时，由于大小浅滩一百余处，急需加以整治的地方至少有五六十处，导淮委员会派员勘测，历时一个月，遂组织浅滩工作队，招致小承包商分别施工，先动工的计有松坎河、鬼错路、门闩子、大木头、小木头、小火林、大火林、白木峡、子为咀、珠滩、骡子滩、玛瑙滩、桥溪口、车滩等十多处，治理方法以疏浚航道为主，建筑丁坝、顺坝为辅，按洪水的来和退的时间为序进行整治。导淮委员会原先想保持全河段的浅滩，至少水深一公尺，并且没有船行危险的暂不动，因此拟将凡水深不足或航行危险之浅滩，一律予以整理，然而限于抗战时期的经济实力，无法满足同时施工的条件，只是将门闩子、大木头、小木头、子为咀等四处浅滩稍稍加以整治，仍然没有彻底改善綦江河流的船运功能，运输煤炭和铁的船只亦有危险。

蒲河上建闸坝，它终归也是綦江河的支流上建。作为綦江河的航运主干道，亦也只有开工建设闸坝以增强其通航能力，在导淮委员会綦江工程局成立的次月，也就是1938年11月，綦江河盖石峒下游段，开始围筑挡水坝、输水涵洞等，初用条石砌造，顶部呈拱形，两壁修鉴平整，全部闸墙于1939年10月完成，闸门早于四个月前做完。由于闸门所用木料尺寸既大，数量又多，当时市场难以

盖石大信闸坝旧址

供应，一由导淮委员会四处商讨调拨，差的部分由承包商想办法自备。这是綦江河干流上的第一个闸坝，称为大信闸坝。

大严闸坝在綦江河的羊蹄峒下游左岸，河床淤积颇厚，堤底俱系沙砾，渗水甚烈，经先后装设的抽水机三台，涨水时仍难抽干。从 1938 年 11 月开始清底，前后几次遭遇洪水的泛滥，屡淹屡修，遂于 1940 年 3 月才告一段落，闸墙和闸插门装配同步开始，直至同年 7 月基本完工。

民国二十九年七月，也就是 1940 年 7 月，导淮委员会綦江工程局开始建设大中、大华、大常、大胜、大利、大民共六个闸坝，这六个闸坝全是綦江河主流河道上的，是全国抗战所需要的物资运输逼迫使之然的，浅滩没有全部疏浚，如再不建闸坝，运输煤炭和铁的船只更是没有办法通行。可由于当时物价激涨，工程预算款差额较大，致使几个坝耗时几年多的时间，才陆续完成。

大中闸坝建于綦江河三溪场石溪口滩，右岸岩石高耸坚硬，选取作为闸址，于 1940 年 9 月开始分段清理爆炸，因地方狭窄，施工作业面太小，不能集中多人同时工作，将近一年才清理完毕，后又开始上下游引河的开挖，施工期间还要保证船只通行，经过原航道一段的坝身留而未做，直到 1943 年 2 月，船闸完成后，待綦江河断流，集中人力昼夜抢赶，才完成了大中闸坝。

綦江河原大严闸坝旧址

　　大华闸坝建于綦江河桥河段的花石上，与大中闸坝同时开工建设。船闸位置原先选在地形较低的右岸，后因地形过窄，挡水堤筑于深河槽内，水流湍急，可能使闸门关闭困难，于是改建于左岸石滩之上，整个工程进展较为顺利，于翌年四月就完工。

　　大常闸坝位于綦江县城北门外的剪刀口滩。动工于1940年7月，后因工程预算不足，被迫于当年底停工，直到1942年2月才复工，复工两个月，綦江河水频繁猛涨，排水十分困难，到了九月水小又开始建设，建设期间统筹把闸门及插门的装配，同时将所有应添设的零部件建造就绪，整个闸坝于1943年10月中旬完成，船闸开始使用通航。大常闸坝前后历经三年多的时间建成，经过了綦河汛期的考验，加之工程建设者统筹了建设过程中的各项工序，材料的准备先后有序，使坝的建设一完，船闸就能使用通航，大大缩短了大常闸坝的建设和通行时间。

　　大胜闸坝建于县城下游约十二公里的油坊脚滩之上五百米的左岸，在1942年7月复工，11月修筑挡水堤，所需要的条石通过羊肠小道抬运和利用胶轮板车及自制木轮板车来拖运，节约运费。直到1943年10月，闸坝主要部分基本完成，砌闸墙一万三千余立方，余下的上下游护墙四百余立方和零星附属工程由于工程局的工程款难以为继，又拖了三个月有余，才准予限时通航。到了1944

年9月，綦江工程局借款二千万元，工程才继续进行，年底才把全部闸墙砌筑完，一些零星工程至次年三月才竣工。

大利闸坝位于綦江县城下游约二十三公里的车滩，该处原为綦江河上特险的险滩之一，江面宽一百八十余米，左面是卵石滩，约占江面的三分之二，卵石下即系岩石，正好作为闸基之用。但该闸的上下水位落差为六米，是綦江河上闸坝的最大水位落差。1942年7月复工后，首先是清除闸基沙石，填上黏土，半年清出沙石八千七百余立方，12月开始砌墙，二个月后完成。上下游的闸门均先在坝顶装配，顶头装铁葫芦一个，以细钢丝穿过铁葫芦，该项工程于1943年10月中旬始，次年一月完成，但深水航道未筑完，工程款项不足，又暂停几个月的时间，后来綦江工程局多方筹款，终于1945年3月全部工程竣工。

大民闸坝离綦江县城更远，位于现在江津区五岔场下游一公里的五显滩，是綦江河最末座闸坝，设计闸底较低，平均须开挖至深二点五米，闸底半为沙砾与土，半为岩石，开挖较难，工程局的人努力技术指导，工人们也是努力施工，到1943年1月各闸门装吊完工，10月份大民闸大功告成。

抗日战争时期，导淮委员会綦江工程局为改善綦江河、蒲河水运水浅滩多流急的现状，以满足綦江上游煤炭、铁运输，满足大后方军工需要，克服重重困难，完成了綦江河的初期治理及闸坝建设。他们遇到的困难，一方面是大自然的影响，夏季的暴雨，河水的猛涨，沙石泥土对河道的堵塞，另一方面是抗战期间物资奇缺，经费紧张，工程局四处筹集工程款项，綦江河上的闸坝一座一座终于建成，参加工程的技术人员和普通民工都为抗日战争的胜利做出了贡献。

抗战期间的整个物资运输全靠这綦江河上的八处水闸和蒲河上的三处水闸调节水位，畅通水运。当时成立了綦江水道运输管理处，用于统筹整个綦江河道，主要运输綦江铁矿所产的矿砂及南桐煤矿所产的焦煤等。除在各闸分设管理处外，还沿江设立了三个装卸站、八个督运站和一个船厂，分别管理煤铁装运、造船、船只修缮等事宜，全盛时期，綦江水运处共有公船四百三十四只，商船中有驳壳船三百八十只,柳叶船二百六十三只,全处员工二千多人。从 1939 年至 1945 年,在綦江水道运输管理处的精心组织下,从綦江河运出的煤和矿砂共计四十万余吨。

  这四十万余吨的煤和矿砂运到重庆的兵工厂能够制造多少的枪炮,或者说为兵工厂制造枪炮所需的原材料提供多少的帮助?我真的搞不清楚这中间的关联度,没有这方面的专业知识,我不敢妄为猜测,也不敢胡乱计算。但有一点我很清楚,这四十万余吨的煤和铁砂靠的是綦江河流及河上的闸坝,还有那几百只的公船、商船,几百只的柳叶船,最重要的是近二千名的老少船工,说得不好听,那就是河道上的纤夫,是这样一些与綦江河、与抗战有着千丝万缕关系的物资和人员。它们,用词不准,应该用她们,不是尊重,是历史赋予她们的责任,不管是什么信仰的党派,不管家庭的富庶或贫穷,不论年龄的大小,所有的物质和精神层面的她们都出自于民族的大义,把这几十万吨抗战的物资运到了它最该去的地方、最能发挥其作用的地方,从煤从铁砂变成一支支枪炮,前方的战士们端着这一支支枪炮与日本鬼子对着干,比那刀木棍管用得多。也许前线的抗战将士们不知道手中的枪是不是綦江河上运输的铁砂和煤所造,或者是战士所端的枪支有多少綦江老百姓的贡献呢?这谁也没有办法计算,谁也计算不了,但前线战士们的枪炮,他们射出去的每一弹、每一炮都包含着綦江老百姓对日本鬼子的仇恨,都有綦江老百姓的血和汗水。当然,也不可否认导淮委员会和綦江工程局那些技术人员的血和汗水。至于视察大仁、大勇闸坝的那位蒋介石蒋委员长,也是导淮委员会的委员长,历史已经有了定论,不便细说。

  一位钢铁专家说:如果说铁矿石是钢铁企业的粮食,那么物流则是钢铁企业的生命线。綦江水道就是抗战时期陪都重庆兵工企业的主要物流通道,是抗战的一条生命线,这条生命线的顺利运行不仅支持了重庆的钢铁企业,还为全民族的抗战贡献了不可磨灭的功绩。

  "武宗皇帝降旨,孙公豹打滩"的传说,至今还流传在东溪、镇紫街、盖石洞一带的民间。

  这是老百姓的福,也是正德王作为一国之君的责任。

气死莫告状

在东溪场观音岩路边，有一处摩崖石刻。石刻是在整块石岩上凿出来的一个平面，宽四尺四寸，高七尺，正中是"气死莫告状"五个颜体楷书大字，右面有两行小字，"愿天常生好人，愿人常行好事"；左面是"读好书说好话，行好事作好人"。石刻上没有刻碑时间和事由及姓名等。究竟是怎么一回事呢？

传说，在大清刚定鼎中原后，贵州有一商人名叫王远来川黔交界繁华的水码头东溪做生意，结果被东溪一个名叫陈竹的奸商所骗，于是两人到县衙对簿公堂。

县大老爷因收了陈竹的厚礼，断了个歪歪理。这个贵州商人连本带利几乎赔光，最后不得不含着满腔悲愤准备返家。他途经观音岩，天就黑了，就在路边张家敲门投宿，还将他的遭遇对张家人倾诉了一遍。张家人也知道这个县太爷是个贪官，别人送了礼就乱判官司，加之王远又是外地人，告这种状是没有胜诉可能的，劝他想开一点，来日方长。那夜夜深人静，这个商人翻来覆去怎么也睡不着，想想自己做生意历尽艰辛却被人骗了，打官司又输了，现在连本钱都没有了，实在没脸面回家见自己的父母妻儿，怎么想也想不通，他就悄悄到屋后一棵高大的桐子树上吊死了。

第二天，张姓人家发现那位借宿的贵州商人吊死了，害怕牵连到自己，赶忙请来地方团政、小甲现场勘定，确系自缢而死。张姓人家将贵州商人草草安埋，然后把他所剩的银钱用来请工，在路边石岩上，刻下这个碑，用以告诫后人，凡事要忍气，切莫轻易打官

气死莫告状石碑

司，否则会人财两空。

"读好书说好话，行好事作好人"是做人标准，东溪场的老百姓自觉埋了被气死的商人，读没读书倒不知道，说好话倒是应该的。"愿天常生好人，愿人常行好事"是东溪人的善良愿望，那个混账的县太爷毕竟是少数。

这块"气死莫告状"的石碑，在古镇是一面镜子，反映了当时社会政治、经济的现状："有钱能使鬼推磨，无钱就让磨推鬼。"

第四章　传说故事

神奇石棺材

　　石棺材，位于綦江河边的东溪鱼沱，形状如棺材而得名。它由棺身和棺盖两个部分组成，整个棺材长 12 米，宽 5.2 米，棺身高 3.5 米，棺盖高 1.5 米，棺身、棺盖均为一个独立的完整的整体，没有破裂的缝隙，整个棺材呈浅黑色，远观近看都像一副真正的棺材，特别是这块石头悬在那孤独的土地上，周边杂草丛生。远看那样的棺材躺在那儿与乡村里真正使用的棺材几乎没有区别。

　　石棺材的由来，有个美丽的传说。

　　秦始皇在灭掉六国，统一中原后，为了巩固统一，保证中原地

石棺材

区农业经济的稳定发展,便派大将蒙恬做统领,太子扶苏做监督,率领 50 万大军修筑万里长城。长城所在的地区,不是高山峻岭,就是沙漠荒原,劳动条件十分艰苦,修筑长城的条石,一块就重达 2000 多斤,筑城用的城砖,最重的 50 多斤,最轻的也有 30 斤左右。筑城的人们劳苦不堪,有的被活活累死在工地上,许多亡魂到玉帝处状告秦始皇奴役百姓。玉帝派观音菩萨给每个修筑长城的民工发一条金色丝线,并把丝线嵌在肩垫上,这样一来,民工的力气大增,一个人肩挑、肩扛四五百斤重的条石、城砖等物都不感到沉重,却能奔走如飞,从而加快了修筑长城的进度。太子扶苏把这一情况上奏给了父皇秦始皇。秦始皇却下令把民工肩垫上的金色丝线收起来,编成了一根鞭子。秦始皇拿着鞭子,走出都城咸阳,举鞭在空中一扬,奇了,高山、大河、巨石等物应鞭子舞动的方向如潮水般滚滚而动,声震九霄。秦始皇龙颜大悦,一气举鞭赶了九九八十一天,于是便形成了华北平原、珠穆朗玛峰等等。在秦始皇赶山的最后一天,想在东溪鱼沱这个地方歇一歇,手中的鞭子不小心碰到了路边的一块大石头,把这一块大石头活生生劈成二层,二层缝小的石头组合成一副石棺材。由于秦始皇赶山惊动了天界,他的"赶山鞭"被观音菩萨收走了。

  这副浅黑色的石棺材,就一直静静地蹲在东溪鱼沱这个地方,看着面前缓缓流淌的綦河水,那石棺材是谁的真正坟墓?到今天也没有人说得清楚,也许没有人能够躺进去,那中间几乎是没有缝隙的,表面看也只是两块石头,除了风,来自綦江河边的风可以穿透进去,其余的动物、植物怎么可能躺进去呢?

白云寺

"各脱尘缘数十年,白云山里静参禅。而今欲为身后想,清风明月伴蒲团。"这首诗刻在"白云寺"庙后一个和尚坟的墓碑上。

白云寺最后的一个和尚,他介绍了白云寺的来龙去脉。这和尚俗名王树林,出家法号叫圣德,其师仁和。王树林乃东溪六角亭人氏,幼年因家贫,十三岁出家,始入佛门于东溪"万天宫",后迁往"白云寺"。仁和法师教圣德读佛经,圣德念了一年半,就去重庆花岩寺受戒。当时师徒二人抱着大木鱼和十五斤重的大鱼锤,边打边念,一句一锤,不能多也不能少,高声朗诵,方能通过。当时花岩寺僧人五百,煮饭每次用水五挑。"白云寺"墙内的碑铭"道光十三年(1833年)十一月十八日丁子政卖业","道光二十一年(1841年)九月二十六日帅元贡"。从上面文字看来,从买庙基到动土中间用了七八年,可能是用化来的钱备料。建的"白云寺"整个庙宇是坐西向东,山门向着东溪场,宽为二十米,长为四十六米,分为上、中、下三个殿。上殿叫"普陀山",上殿与中殿之间有一小天井,内栽一棵七星茶花。中殿与下殿之间有一大天井,长为十四米,宽为十五米,天井左右两边为书楼。中殿门口一对望天石狮子。石狮子面前各有一棵大梨树。天井中间为字库。"白云寺"四面都被树竹遮蔽,上殿后面是苦竹林、大白果、凤尾棕、南竹林,还有三棵红豆树。寺的南面是苦竹林、白果树、青冈林。寺北面是南竹、红豆树。寺前为南竹林、白果。寺的东北角还有一鱼塘,清澈见底,游鱼成群。夏天,浓荫蔽日,香客盈门,名是进香,实为

白云寺旧址

避暑。

　　寺庙周围树木和下殿及书楼都毁于"大跃进"时期，用作了大办钢铁的燃料。中殿用作了民房。现在的白云寺也不是当年的白云寺，其庙宇的那些建筑统统荡然无存，那不是谁的错，只是历史的一个荒诞故事而已，只不过假如这个白云寺尚在，如果只是作为一个景点，也没有多大的必要，古镇上找出几个类似的景点不难。现在的白云寺只剩下一对石狮子呆呆地待在那里，那也只是一个古老的遗迹，作为古镇一些人的一点念想。

　　据说"白云寺"动土的那天，开头是烈日当空，万里无云，到午时三刻，突然间天空飘来一片白云，刚好把庙基罩住，所以就定名为"白云寺"。

　　白云寺，虽在历史的长河中消逝得差不多了，但它作为东溪的一个白云寺村，却一直沿袭至今。

神女石幺姑

东溪的佛灵桥附近，躺卧着一座天然石佛，人们呼其名曰石幺姑。千百年来曾流传着一首歌谣："星星排对排，幺姑好人才；先学煮茶饭，后学绣花鞋；乖巧逗人爱，媒婆牵线来；幺姑不答应，逃婚跑出来；为了心上人，愿等千万年。"长期以来，人们把

石幺姑胸部、殿部、阴部等

她神化了。她是一位未出阁的石头姑娘，身高127米，头部长11米，宽6米，颈子长3米，两腿长22米，那丰满突起的乳房高16米，宽14米。石幺姑肚脐与生殖器部位匀称。石幺姑亭亭玉立，惟妙惟肖，栩栩如生。不论天晴下雨，不论人们有多忙，大家心中都明白一个道理，这面对的是一个神女，怎么可能忘记神女是上天降下尘世的？她会给人们带来幸运，也有可能给人们带来灾难，要好好地尊敬她。按照地方风俗，每年的三月初三，南川的妇女总要抬着猪头、全羊到此祭奠。神话一代传一代，石幺姑名震四方。人们就在石幺姑脚下不远处修了一座庙宇，名"显灵寺"，香火一直兴隆。

　　人们一直把石幺姑视为天然的神灵。20世纪90年代，有人突发奇想，不知从哪儿来的胆子，不怕污染了神灵，认为这么多年了，石幺姑神像可能不那么灵了，有一家人冒天下之大不韪，把家中的老人死后埋在石幺姑的颈子上。周边的人们说七道八，表示不满，但又无可奈何。说也奇怪，没有几年光景，死者的儿子官运、财运双升，这又成为石幺姑新的传奇。有人说，死者前世与石幺姑就是一对恋人，被父母拆散姻缘，来世在阴间结成恩爱夫妻方显灵，保佑儿子们升官发财。

　　这样的传说故事，你信吗？好在石幺姑只是躺在那儿，那个冒天下之大不韪的儿孙，是不是有福呢？谁知道？

九朵莲花落后坝

传说，在很久很久以前，一个夏天的晚上，星空闪亮，一颗一颗的星星闪着眼，学堂岗有一农夫，吃饭后在院坝乘凉，突然发现东方天空有九颗闪亮闪亮的星星向北边移动，然后落在了后坝。

第二天，农夫把见到九颗星星像九朵莲花一样的事说给别人，星星落在后坝的事就传开了，一传十，十传百，越传越神奇，人人都想亲自看看星星下凡的景象。从此，学堂岗不少的人晚上走出家门，在院坝，在山坡，在树林下观测天空，希望见到这一奇观。时间一年年过去，大多农夫渐渐淡忘了这件事，唯独有一张姓财主，独自一人天天守候，夜夜观天，从不间断，始终坚持在松林坡上观测。功夫不负有心人，那年秋天的一个夜晚，天空明月高照，繁星点点，突然发现东边上空九颗星星闪亮，然后闪电般向北边移动，而且星光越来越明亮，恰似九朵莲花，飞向了后坝的北边土岗上。财主暗暗高兴，彻夜未眠，想出了一个好主意。便不声不响地把他家祖坟迁葬于九朵莲花飞落之地。迁坟之秘密，谁也不知，谁也不晓。不过三五年光景，坟上生长出一棵又粗又茂盛的黄巅树。远看，树上像挂着九朵莲花。从此，张姓财主六畜兴旺，家业扩张，族人在外地也升官发财。张姓财主的突然发迹，引起了赵姓财主的嫉妒，但又不得其解。后来，偶然联想到张姓财主迁坟发家的事儿，越想越觉得张家迁坟有文章。于是便偷偷请来阴阳先生，让其悄悄观测张家祖坟。阴阳先生观后，连连惊赞："此乃宝地矣！"赵姓财主冥思苦想，便想了个鬼花招。在一个漆黑的夜晚，他让长工

福林后坝

  偷偷将庙湾庙上的一口大钟挂在张姓财主祖坟的黄巅树上。第二天就大造舆论，说庙上菩萨显灵，要求搬庙宇，并说，若违背菩萨意愿，会遭灭顶之灾。张姓财主虽然心中不愿，也不知真相，不敢得罪神灵。赵姓财主显得顺应神意的样子，主动与张姓财主协商，带头募捐，张姓财主只好迁坟让地，很快就把庙宇搬迁到此地，取名回龙庙。从此九朵莲花压于庙下，人们担心莲花落地会带来灾害，就将后坝南边的鱼池，取名火焰塘，其意火克莲花。

  张姓财主和赵姓财主之间的争斗，其实与庙、与九朵莲花有什么关系呢？莲花不是星星，用一座庙是压不住的，但一座庙所起的那种心理作用，真的是用文化、知识、道德都比不起的，那就是学堂岗的人们所喜欢的天空和那份悠闲，那九朵莲花也只是一种寄托。

琵琶山的传说

东溪镇的西南有一座山,名叫琵琶山,是个万森葱茏的一座山,还有一段优美的传说。

很早以前,山的南面住着兄妹两个,哥叫青山,妹叫聪妹。父母相继死后,留给他们的家产只有三亩租的田,半间破茅屋。兄妹俩起早摸黑地劳动,想多收点粮食来糊口,可是秋天谷子刚熟,财主就来收租了。交了租子,剩下的余粮就难以糊口,兄妹俩只得吃些糠呀菜呀,苦熬那艰难的岁月。

有一年的大年三十晚上,天上飞着鹅毛大雪,北风呼啸,寒气逼人。青山家呢,只剩下唯一的一升米了。聪妹煮了两碗稀饭,和哥坐在灶前正准备吃饭。这时候,门外风卷着雪花,越下越大。忽然,风雪中走来个老态龙钟的老太婆,满头银发,衣服褴褛,但两

雄奇的琵琶山

神秘琵琶山

眼炯炯有神。一手拄着拐杖,一手抱着个琵琶。口中念念有词:"世间的善心人呀,好心人,可怜可怜我这个老不死的老太婆吧!"这凄惨的声音被呼啸的北风传进了破茅屋。兄妹俩打开了门,把这个素昧平生的老太婆扶进了屋。聪妹替她拍落了身上的积雪,青山端来了那两碗稀饭给她充饥。

第二天,雪停了,天晴了。兄妹俩起来一看,那老太婆已经不辞而别了,留下了她的琵琶。兄妹俩喜不自胜。自此,他俩日夜练习弹唱,三百六十天过去了,兄妹俩学就手艺,弹得一手好琵琶。弹悲歌乐曲的时候,谁听了谁都心碎,弹欢歌乐曲的时候,谁听了谁都欢快。这样一来,兄妹俩的声誉可大啦,远近的人们都来听他们弹唱。

兄妹俩的美名像一阵风似的传到了郡官的耳朵里。他便差人马,日夜兼程,马不停蹄来催他兄妹俩,说郡官有请。兄妹刚到郡府,青山被定了个"以弹琵琶为名收买人心,企图谋反"这样一个罪名打下地牢。青山因在地牢里受尽了折磨,刚到家就含恨死去了。聪妹悲痛欲绝,边哭边弹着悲切的琵琶,其声音之凄惨,惊天动地。时值王母娘娘在天宫开蟠桃会,正宴请八十六路神仙哩。听

第四章 传说故事 145

见琵琶声，他们纷纷走出天庭，观这悲切之声从何而来。闻其声，个个潸然泪下。后来，王母娘娘把青山的魂魄收归天界。七天后，郡官又差人马来捉聪妹。魂魄既收天界，自有神人相佐。那官府人马正盛气凌人之时，送琵琶的老太婆突然出现在眼前，大吼一声："琵琶山！"聪妹手中的琵琶顿时变成了一座高山，把差人和马全部压在山底，聪妹却被那只美丽的天鹅驮着飞向那自由的地方去了。

  每当清晨来临，琵琶山上常常笼罩着朵朵五彩霞云，从山脚望上去，隐隐约约地看见一个美丽的姑娘，披着长长的黑色秀发，骑着天鹅，面对"青山"落泪，当地的人说，那是来探望哥哥啦，静静地细听，还能听到哀伤的琵琶声……

"连长"沈二嫂

　　东溪场地处川黔要塞,是四川通往贵州的必经之路,贵州军阀周西成曾派兵围剿绿林响马曹天泉。民国八年五月八日早上,曹天泉单枪匹马,正被30多个黔军追杀。曹天泉来到龙潭坝鲤鱼池附近,看见一单身独户人家,就不管三七二十一地闯了进去。进门一看,原来是沈二嫂家。沈二嫂原在太平桥开烟馆,曹天泉在她家常进出,有点旧情。

　　这沈二嫂不是一般的妇道人家,开户坐店,生就一张利嘴,遇

今鲤鱼池全景

第四章　传说故事　147

事冷静，处事果断。当她得知"老碾"危急，顺手拉过一个大背篼，把曹天泉倒罩在下面。这曹天泉是个五短身材，罩在里面刚好合适。沈二嫂解下身上围腰搭在背篼上，一屁股坐在上面，手里慢悠悠地纳着鞋底。

　　黔军追到，问沈二嫂看见一个逃跑的人没有。沈二嫂用手往太平桥方向一指说："往那边跑了！"黔军一看此屋是间印子屋，没后门、窗子，屋内又没多的家什，就信以为真，朝着太平桥方向追去了。等黔军走后，曹天泉谢过沈二嫂，再不敢在东溪逗留，当天直奔福林场五龙山，连夜赶晚跑上四面山飞龙寺网罗散兵游勇，重新拉起"棚子"。

曹天泉人马把守的太平古寨长生岩寨门

　　后来曹天泉势力日渐壮大，贵州军阀周西成也拿他没办法，只好以利诱将他招安，收编为川东边防军，封他个川东陆军纵队司令。为感谢沈二嫂当年救命之恩，曹天泉封沈二嫂为纵队的连长，赠送两支二十四响手枪。从此沈二嫂招摇过市：身骑高头大白马，肩上斜挂金丝线的彩色绶带，腰别两支手枪，前后七八个彪形大汉，大汉清一色的多耳麻鞋加绑腿，腰系丝鸾带，背背大砍刀，拥着沈二嫂在太平桥和东溪"九市"等地头逛，好不威风。一时在东溪古镇上传为一场佳话。

　　一个女流之辈，因为一次偶然的机会，救了一个土匪，使她走上了红运，只不过这红运能走多久？谁也说不清楚。

　　沈二嫂因此当上了连长，官不像官，民又不像民，却在古镇场上炫耀了一段历史，甭管这段历史真实不真实，是不是一段佳话都无关紧要，救人于危难之中倒是一个朴素的理念存于古镇人心中。

箭刀丘与立刀山

据老人们相传，在很早很早的年代，东溪福林河两岸，森林茂密，野草丛生，是各种动物栖息的天堂。可是，随着人类的繁衍活动，大自然遭到了人为破坏，砍伐树木，开垦荒地，一些动物的生存之地越来越小，有的动物则遭遇灭顶之灾。一天傍晚，一只雄狮从林中飞奔而出，来到佛灵桥的火焰塘边，横卧河中，龇牙咧嘴，豹头环眼，大有阻挡河流，吞灭万物之势。

一吴姓之家知道这件事后，认为卧狮之地风水肯定好，就把祖坟埋在了狮子头下，不料，吴姓祖孙几代，男人个个走路都摇头晃脑，像玩狮子一样摆动，人们传说是雄狮发威所致。

善良的人们盼望降狮神灵下凡。终于有天傍晚，突然三声巨雷，狂风大作，闪电雷鸣，大雨滂沱，一条火龙从天而降，正好落

箭刀丘

火焰塘边的佛灵桥

在狮子头正前方。第二天，一个农夫下田耕作，发现一支箭插在田中，神箭直射凶猛的雄狮。从此，雄狮再不敢伤害黎民，以前摇头的人家从此好转，人们便把这块田取名箭刀丘。

张献忠入川年间，曾率部经綦江、东溪，进入贵州。在攻打东溪琵琶山寨门和福林水井湾寨子时，遭到了地方武装顽强阻击。其中攻水井湾寨子时打得十分悲壮，死伤将士不计其数，被俘者当场被杀死，横尸累累，血流成河。此地人称杀人场，万人坑。这里曾流传着一首民谣："琵琶山战场是个名，水井湾是个金宝盆，攻了一层又一层，不知伤亡多少人。"可见当时战斗的惨烈。后来水井湾因杀人多，死鬼多，阴风惨惨，鸟兽哀鸣，人到此害怕，耕牛到此止步。人们为了镇邪，便在山上立了一把斩妖刀。此刀座高一丈五尺，刀高三丈多，重一千二百斤，这斩妖刀耸立直指天空，非常雄伟，方圆几十里都能看见，从此，镇住了那些冤魂野鬼，人们恢复了正常的耕作和生活。此山取名立刀山，并在山脚下修了一座庙宇。万物真奇妙，在立刀山东面的一条小溪上，神奇般出现两块磨刀石，意欲立刀山斩妖刀不锋利了可到此磨刀，人曰：磨刀溪。

箭刀丘和立刀山是东溪古镇的两个不成景点的地方，它只是传说中的两个地方，有没有开发价值倒是可以商榷的，只是因为它们在福林河的岸边，那是一条美丽的河流。让人遗憾的是箭啊、山啊都是历史的遗迹，现实生活中已经是荡然无存。

第五章 史迹名胜
SHIJI MINGSHENG

　　史迹名胜，是一个古镇的灵魂。没有古迹的存在，古镇的古那只是一种传说，就没有古的韵味，镇也就不能成为名副其实的古镇。

　　东溪古镇，保存有几百年历史的古老建筑物——南华宫、万天宫，其建筑风格与中国传统建筑文化一脉相承，有丰富的文化功能；有古老的太平桥、王爷庙、黄葛树画廊、无字的南平僚碑、七孔子崖汉墓群等等，可以说每一处历史遗迹，都有它独特的历史价值和文化价值，本身也是古镇的核心价值所在。所幸的是古镇上的历史古迹名胜，大部分尚保存完好，在那个特殊的年代还没有受到毁灭性的破坏，极为罕见地把历史脉络呈现在人们的面前。

　　作者用散文化的笔法，从历史的角度、当下的思考及古迹本身带你去细细地品尝东溪古镇的那一处处散发着历史光芒的遗迹，从文字中领会遗迹的魅力。

万天宫

走进东溪古镇，万天宫是必去的一个地方，不是那宫算一个多大的景点，而是那儿有许多让你流连忘返、不能忘记的乡愁。

你如果一个人去东溪古镇，想要找到万天宫，那也不是一件容易的事儿。

下了渝黔高速公路东溪古镇站，不要慌着往哪儿去，问一问路

万天宫全景

边随便行走的哪一个人，也许他们都知道万天宫在哪儿。指一指，挥一挥，大概是告诉你，万天宫在古镇，至于究竟在古镇的什么地方，还得你自己去寻找。

万天宫肯定就藏在东溪古镇的某一个地方，那在古镇的深处，需要你有一份耐心、耐力，与自己的心灵相遇。

走在古镇的一条条大街小巷，走了大街又去小巷，大街真没有

万天宫戏楼

什么看的，与中国所有乡镇的大街没什么两样，只是那小巷有些特色，与其他古镇又没有大的区别。

走在那每一条窄窄的小巷中，青石板铺成的巷子，两边房子的屋檐像是一对要好的朋友，想握一握手却又有一些距离，握又握不了，这算是小巷里的朋友吗？是不是没关系，愿意做朋友，那就是古镇的幸福。沿着这样的小巷，青石板不是一整块，大的小的，方的圆的，平的凹的，滑的湿的，这样奇形怪状的青石板组成的小巷，有一股吸引力深深地把你的目光扯住，走得慢一点儿，再慢一点儿，心灵仿佛就得到了一种净化。

也就百十来米的青石板小巷，走了多久的时间，没有谁去记。突然之间，那一幢房子矗立在你的面前。那是天空下的一壁墙，直直地总是指向一个地方，一道正门上方写着"万天宫"三个字，两边各有一个紧紧关闭着的小门。"万天宫"三个字的颜色与直立的墙壁上的色彩完全不一样，显得庄重突出一些。

这座万天宫，始建于康熙二年，系蜀人会馆，供奉川祖之用的。会馆与其他会馆没有什么不同，坐东向西的最普通的朝向，砖木结构，四合院布局，建筑面积一千二百平方米，前殿面阔三间二十米，进深三间有九米，通高八米，单檐硬山式屋顶，穿斗式的梁架，五柱用五穿，天花上有雕刻精美的大型木质八角形藻井，用于扩大戏台上唱戏的声音。宫内的戏台有六十余平方米，不算大也不

154 巴渝古镇·东溪

小，观戏的分别在戏台两边，穿斗的横木扁上有雕刻技艺精湛的木刻浮雕群，每一个浮雕群都形象展示一个历史故事，那些浮雕群的故事也常常是深入人心的，其人物的神态与故事情节十分吻合。下面我就介绍几组浮雕群的历史故事给你听听。

一是博望坡孔明初用兵。孔明胸有成竹地调度各将领前往博望坡迎战曹军，这是孔明初出茅庐当丞相的第一战。去之前与主公刘玄德商议，恐关、张二人不听号令，需主公以剑印给孔明，相当于是主公亲自前往。孔明在帐篷下令：博望之右有山，名曰豫山，右有林，名安林，可以埋伏军马。云长引一千军往豫山埋伏，等待军至，放过休战，其辎重粮草，必在后面，但看南面火起就纵兵出击，焚其粮草。翼德引一千军去安林背后山谷中埋伏，只看南面火起，可出击，向博望城屯粮草处纵火烧之。关平、刘封引军五百，预备引火物，于博望坡后两边等候，至初更兵到，便可放火。有些将领对孔明的战术安排心存怀疑，但又不得不按照丞相的战术执行，战争的结果是蜀军取得酣畅淋漓的胜利，杀得曹军尸横遍野，血流成河。

二是长亭送别。是讲崔莺莺与张生坐在长亭中把酒对饮，互诉衷肠。十分生动细腻地刻画了崔、张二人，尤其是莺莺依恋、哀伤、悲苦、关切、忧虑、孤独等复杂的心理，把男女之情表现到了极致。

浮雕群尚有一些大家十分熟悉的历史故事。比如杜十娘怒沉百宝箱、公孙瓒战吕布、关羽率水军接应刘备、鹤羊吉祥、姜子牙大破十绝阵、空城计、刘备自领益州牧、佘赛花欲斩杨继业、四郎探母、杨家将血战金沙滩等几十组形态各异的浮雕，这些历史故事集中在三国演义、杨家将和古代的神话及情爱故事，人物、故事都是人们所熟悉的，看起来都不费力费神，这样的浮雕群自然是吸引人的。

你行走在万天宫，分布在宫内各个地方的浮雕都可以观赏一阵。那些浮雕群的人物栩栩如生，其神态、动作都与故事当时发生的情景是相符的，站在每一组浮雕前面，仔细看，慢慢地移动脚步，心中默默地回忆着自己熟悉的那些历史人、那些过往事，可能

你已经忘记了自己是在东溪古镇，忘记了现实中的自己。这样的一组一组看似没有连续性、内在有着密切联系的文脉关系的浮雕，人们都会感叹古人的智慧和聪敏，不单单是工匠的技艺，还有文化记忆的延续，这在那个年代的古建筑中体现了古镇人的胸襟，来自三国演义中的兄弟情谊，崔莺莺和张生

万天宫正殿

的恋恋不舍，杜十娘怒沉百宝箱的愤世嫉俗等等，那都是中国传统文化之中有着深厚基础的群众喜闻乐见的故事，既能吸引人又能教育人，成了古镇人最喜欢去的地方。

那个戏台子，是万天宫最不能让人忘记的。一直以来大部分时间是闲置的，什么时候古镇人来唱戏呢？那是不能强求的事儿，很多时间人们也是忘记这个地方的，它孤零零地矗立在古镇的小巷里，直到古镇焕发新的生机，经过维修恢复后，它渐渐地走入古镇人和游人的生活。送欢乐下基层、送文化下乡、春节联欢晚会等活动的主战场就摆在戏台子，人们的欢乐寄予它，特别是久违的川剧进乡镇进校园的活动与这个蜀人会馆是相融在一起的。

我一直在思考的，是在那个特殊的年代万天宫居然没有遭到大的破坏，或者说没有遇到毁灭性的破坏，那真的是古镇的幸运，也许这种幸运不是偶然的，是与古镇千百年重视文脉的那一份情愫有关，这种情愫说不清道不明，但又是存在于古镇人心中的。

万天宫，是东溪古镇保存较为完好、现代修复又能基本体现古建筑文脉的地方，你一定要去看一看……

南华宫

看过了古镇东溪的万天宫，南华宫就少了许多神秘感。

一个古镇有两座相似的同类型建筑物，本来也没有什么奇怪的。古镇东溪作为当时十分繁华的水码头，来来往往的商人多，过往东溪的路人旅客也不少，特别是去往贵州的粮食、盐巴要人工从码头卸下来，通过那时最常见的盐马古道运去贵州，自然从全国各

南华宫

南华宫戏楼

　　地来往的商人不少，各地的商人生活习俗不一样，他们要想与和自己有相似生活习惯的商人常常相聚在一起，就在古镇找一个地方修建一座会馆，把家乡的商人团起来。

　　古镇东溪最先建的是万天宫，那是1663年，是蜀人会馆。世界上的事怪就怪在是物以类聚人以群分，连建筑物也是如此。南华宫就建在离万天宫一巷子的距离，那一巷子真的是只有一巷，但时间是相差甚远，主人也不一样，建于1736年，相差几十年的时间，这几十年是东溪繁华的见证。

　　几十年水码头的生意兴隆，才会有源源不断的生意人来到古镇，生意人赚了钱才会拿出资金来修南华宫，其系广东会馆，照此可以理解为广东商人出钱修的会馆。这是一个坐东向西的广东会馆，木结构建筑，四合院的布局，整个会馆占地八百多平方米，建筑面积四百四十平方米，中间天井占了很大一块地，存前殿、正殿、厢房。前殿为单檐硬山式屋顶，穿斗式梁架。宫内同样有四十余平方米的一个戏台，戏台横匾上有完整的木刻浮雕群组，天花板上有一个大型木质藻井。不要小看这个木质藻井，在古代戏台子上唱戏的人声音要有更好的效果的话，没有这个木质藻井真不行，它的主要作用是扩大唱戏时的声音。正殿面阔五间17.6米，进深五间16米，通高9米，素面台基1.3米，为单檐硬山式屋顶，穿斗、抬梁式混合梁架，五架梁对前后双步梁又单步梁用六柱，普通踏道五级。哦，说了这么多的南华宫，实际上你站在它的面前也不一定就能认识其与万天宫的区别，历史上的广东会馆与蜀人会馆究竟差别在哪儿呢？

戏台用来唱戏，扩音功能也具备，南华宫的前面有一个小塔，说是塔有些勉强，四层的小楼阁立起来，没有一点儿的亭台楼阁的韵味，虽然有些小，不过小得有些精巧，就算是南华宫小小的点缀，也许算是古镇的古建筑。可人们来这儿唱的什么戏？应该是与蜀人会馆有所不同吧，万天宫戏台唱的是川戏，古镇东溪来往的商人中川人居多，这是不争的事实，他们当然是想听川戏的，一拨一拨的来来回回的人，坐的站的趴着的眯眼睡觉的，不管是商人、路人还是原住民都有想听川戏的瘾子，是不是瘾君子，不紧要。我想知道的是广东会馆的戏台唱的是什么戏，问了路人甲和路人乙，还有路人丙和丁，他们也搞不清楚，老一点的人们只知道去听戏的人不少，热热闹闹的一个会馆，在某一段的特殊时期，广东会馆也是备受冷落，戏台子的灰尘都满眼朦胧的，看什么都看不清，更不要说那已经有些腐烂的戏台楼板，连人的脚步声都有可能惊动天上人，谁人也不敢踏上去一步。这样的戏台，肯定是没有多少用处的。随着时间的推移，历史的轮回是多么的相似。南华宫也有了好日子，楼板、浮雕群该坚固的坚固，该清晰的更清晰。

木雕的历史在我国源远流长，是用于木材加工的创造性的劳动。其建筑木雕是对建筑物本身的装饰和补充，也是重要的组成部分，分为浮雕、镂空雕刻、立体圆雕和浅雕几种，南华宫和万天宫的雕刻都属于浮雕，是典型的清代艺术品，是根据建造者的需要，由经验丰富、技艺精湛的老艺人或工艺美术师设计雕制，再由工艺娴熟的工人大量复制的。在题材表现形式上有一定的规范和复杂的工序，大多是构思精巧、内涵深刻的，反映主人和作者的审美观和艺术技巧，从中体现木雕艺术的趣味。

木头原本是没有生命的物体，它给予人类的太多太多，可经历了人类对它不断的打磨，沉睡的木头有了生命，不但有了生命的价值，还有了生命的奇迹，带给人类不一样的温暖和美丽。

南华宫的浮雕群，本质上与万天宫的是相同的，它给古镇东溪带来了另一种温暖。有着中国传统的神话作支撑，辅以历史上人们都熟悉的传说故事，一组一组的浮雕就是一个个故事。

八仙过海，是人们最熟悉的神话故事，八个仙人要去蓬莱阁上聚会饮酒，每一个仙人准备一道菜，加工成八个拼盘，拼盘各自拼成图案，造型生动别致，巧夺天工。汉钟离的扇子大如蒲席，他踏着海浪上的扇子走向大海深处；何仙姑将荷花抛向大海并立于荷花中间，一时间红光四射，仙姑风姿迷人；吟诗行侠的吕洞宾、倒骑毛驴的张果老、隐迹修道的曹国舅、振靴踏歌的蓝采和、巧奇造化的韩湘子、借尸还魂的铁拐李都在万顷碧波之中各显神通。这个故事的载体浮雕群把每一个仙人刻画得真实又有凡心。故事本身不奇，奇的是浮雕所表现的生命力。相邻的一组是八仙云游，八个仙人常常为人间解救苦难，惩恶扬善，受到人们的崇拜，两组浮雕一脉相承，其技艺令人感动。

浮雕群中有老子讲学和老子骑青牛出关。相传老子是彭祖的后裔，生下来时是白眉白发白胡子，生下来就会说话，指着院子中的

南华宫正殿

一棵李子树说：李，就是我的姓，可不可信是另外一回事。老子要讲学，既是传道他的思想，同时又要到处游历，传说中制服青牛的故事，那头青牛是个怪物，两角头上长，两眼似铜铃，蹄子碗口大，后来被老子制服，骑着出关。他一直活到一百六十余岁，死后得到老少的尊敬。

南华宫中的浮雕群还有三国演义中耳熟能详的故事，也有着西厢记中缠绵悱恻的故事，迟建几十年也没能摆脱万天宫浮雕群的影响，其内容上的传承是一致的。我也有一个疑问，广东会馆与蜀人会馆怎么会如此相似呢？从建筑物的造型，到浮雕群的人物、故事情节都难以让不熟悉两个宫的人分辨出来，能够解释解释的是那时社会生活环境没有发生大的变化，社会变革不明显。

一个古镇的小巷里，藏着两栋相似的古建筑，不是上天的眷顾，是古时候的东溪人和现代的东溪人共同缔结和保护下来的文明成果，不管是自觉的，还是非自觉的，都是东溪人的珍贵财富。

王爷庙

　　来到东溪古镇，你不一定能找到王爷庙，为什么这么说呢？因为王爷庙离现在的古镇东溪场上还有一段距离，要穿过古镇的大街小巷不说，还要走出古镇的大街小巷，往曾经的古镇区域而去，中间已经是一段段的乡间小路，小路两边杂草丛生，偶尔还有虫儿飞鸟在路的上空鸣叫飞过，顺着东丁河以及东丁河与福林河汇合的一

王爷庙外景

小段河流，这一小段河流确实小而短，一晃眼就流到了綦江河，就是这东丁河与綦江河交界的地方，那就是王爷庙的所在地。

王爷庙就坐落在綦江河岸边、东丁河岸边，准确地说是在两条河边的一个水码头上。

王爷庙始建于清乾隆六年，坐南朝北，是一个完整的砖木结构四合院建筑，占地约一亩，寺庙的面积360平方米，中轴线上，从前到后依次是山门、戏楼、庙坝、正殿，两侧是厢房，山门板壁上有彩绘门神，左尉迟恭，右秦叔宝。正殿面阔五间，进深四间，单檐悬山屋顶，抬梁式梁架，五架梁对前后双步梁又单步梁用五柱，柱径45厘米，八角抱鼓式柱础，普通踏道十三级，驼峰高耸，屋脊塑有宝瓶，厢房斜撑雕花。戏楼为抬梁式梁架，戏楼台口板及挂落，均有戏剧故事雕刻。

王爷庙，本来是供奉王爷镇压江河孽龙的庙，江可指綦江，河可指东丁河，这江这河是有孽龙出来捣乱的，骚扰着过河的船只，拖走那些在船上行走江湖的人。它是典型的祠庙建筑，面江而立，算不多见的清代中期建筑，具有水运祭祀文化的意义，反映出古代水道的艰险与人民群众祈求平安的愿望。山门前左右的两棵有着一千多年树龄的老黄葛树，树枝挺拔参天，枝繁叶茂，伸出长长的枝丫相拥在一起。

为什么王爷庙选择建在綦江河岸边呢？这要从古镇东溪的历史讲起。古镇是云贵川水陆交通的要冲，历来是行人旅客、商人袍哥结交商议的场所，19世纪三四十年代，川黔边境的农副土特产，盐巴、铁矿及棉纱，油料、白酒等百货，简单地说，这个古镇是川黔两地吃的、穿的、用的、玩的所有商品的集散地，经此地转进运出。那么古镇总得有个承载这样功能的地方，王爷庙就是这样一个最恰当的地址。

王爷庙所在地，是一个古代的水码头，只有水码头才能撑得起那样的繁华。两条河交汇的地方，当年的大小船只南来北往，白天千船争流，上上下下的船工有的光着膀子、有的挂着短汗衫忙着运物资下船、上船，上下船的船工老老小小的有之，夜里则是灯火通明。码头上的工人慢慢少了，但码头周边的客栈人声鼎沸，街道小

王爷庙戏楼

巷之间并肩接踵，游人香客川流不息，一派繁忙的景象。更让古镇人回忆的是那一年一度的端午节划龙船盛会，更是热闹。

一大清早，两棵大黄葛树还隐没在雾气蒙蒙之中，来到王爷庙码头上看綦江河划龙船的人真是人山人海，他们占据着好地势，有钱的穿着光鲜，大多数老百姓是穿得破破烂烂、打着光光的脚、顶着草帽和衣不蔽体的人，在沙滩上，在山坡石壁上观看划龙船。此时，綦江河里的龙船竞争激烈，擂鼓声、呐喊声、助威声与河水的哗哗声混杂在一块儿，震动着王爷庙边的整个河湾。划龙船是古镇每年的传统节目，场面并不宏大，可人们把它当成一个节日，人人都带着最开心的笑容、最清脆的嗓子来迎接它，扯着呜嘘呐喊的声音吼着，那船头上比赛的船工更是使劲地划争第一，龙舟逆流而上，划到水流湍急处，掌舵龙头毫不示弱，喊着号子动作整齐地奋力划桨，如是顺流而下的龙船，如飞一般的速度冲下去，船到水流稍缓之处，船头折而向东挺进，那是最紧张、最激动人心的时刻，千百双眼睛都盯着。湍急的河水声，水手的号子声，观众的呐喊声，岸上的炮仗声，王爷庙边綦江河上的划龙船掀起了高潮，成了一片欢乐的海洋。这个时候的人们，忘记了自己的贫穷富贵，忘记了自己的忧愁，难得的欢乐一天，尽情地呐喊吧。

今天，我们走到王爷庙，也许你不会就王爷庙的历史去捋一拶，已经看不见当年那繁华的水码头，就那么一点影子都无法寻找，有的只是浅浅的沙地，连沙滩也算不上。水码头的石头台阶上隐隐约约有那么一点遗迹，不圆不方不规则的石头上有了颜色深浅不一的青苔，青苔上滑滑的，人是不能踏上去的，那样的石阶是从河岸边开始往上走的，没有多长的石阶就消失在路边的草丛。这是一条古老盐道，不论有多古老，它终究是要消失的，只是消失的时间早晚而已，这是谁也无法改变的事实。

现在的王爷庙，它不是一个水码头，也不算是真正的一座庙。水码头的影子已荡然无存，没有一只停靠的真正的船，没有船夫，没有船长，也没有一支撑船的撑杆，连一叶小小的扁舟也不曾出现，蹲坐在两棵黄葛树之间垂钓的人倒也每天都有一二，人不多，那份怡然自得其乐的表情倒也与古镇的表情十分融洽，不一定能钓上来那些大鱼小虾，只是这王爷庙小小的地盘容易让人伤感。

上个世纪的繁华，已成过眼云烟，留在这儿陪伴的是两棵高大而古朴的黄葛树，风霜雨雪几百年，同样是容颜不改，枝丫的粗壮，绿叶的柔情，盘根错节的须紧紧地包裹着与它同生的石头和泥土，暴露出坚韧的一面，不论历史的年轮如何旋转，这两棵黄葛树一直就守护在这儿，守护着这个小小的庙宇。

王爷庙的庙宇，很多人来了只是看一眼，进去烧香的人不多，并不是代表着他们的不虔诚。他们站在庙里的一个角落，望着缓缓向东流去的东丁河和綦江河，两条河流没有争个先前后左，河水相交融后一直向前走，带不走王爷庙前水码头的从容，但能给来到这儿的人一份安宁。

渐渐地，这里成了影视拍摄基地花絮的不受人打扰却又是被人喜欢的地方，一部《傻儿师长》、一部《乡里人家》、一部《雾都猎狐》、一部《五月殇桥》……各有各的历史背景，各有各的风土人情，却在这儿巧妙地融合在一起，让王爷庙这个静静的垂钓之地焕发出更好的青春。

一泓泓清水往东流，一朵朵彩云向西移，王爷庙门前的那两棵高大茂盛的黄葛树，仍从容不迫地笑看沧桑岁月……

太平桥

在綦江河边王爷庙不远的地方，有一座古色古香的石桥。桥没有什么特殊的地方，只是因为有一个古字的定语，才让人们对它有一丝怪意。古镇里的古桥，却没有建在古镇的大街小巷里，而是躲在黄葛树群里，东丁河、福林河上。这也不奇怪，桥是不是古桥在那个年代、这个时候都不重要，当年的桥就是为了连接水码头运输

太平桥侧景

太平桥正面

货物，百姓生活方便而建造，谁又会想到，它会走进古镇历史的深处。

我第一次踏上古桥，也没有想到这是座古桥，同行的朋友也没有多介绍，让我自己去查一查县志，多了解了解这座古桥，总比别人告诉你好得多。

史书上是这样记载的。

太平桥，建于明洪武三年，也就是公元1370年，它跨于东丁河、福林河入綦江河的交界处，南北走向，桥长30米，宽5米，桥拱跨度9.1米，通高8.7米，由三跨组成。

桥面由青石板铺就而成，桥两端的头上各有圆雕坐狮一尊，桥两边有雕花的石栏花墩，栏杆外侧石墩上刻有圆雕兽头，拱顶迎水端刻龙头。传说桥下拱顶中部插有一把能随风大小自然转动的近百斤铁质的斩龙宝剑，可惜的是这把斩龙宝剑再也找不到，已经丢失。

太平桥，四面都是黄葛树，树下是桥，树里是桥，抬头看天是树，往桥下的流水看有绿叶婆娑的样子。当年修桥的人们为了他们心中愿望的太平盛世，故而把此桥命为太平桥，桥的整体结构保存完好。

不管你从什么地方走来，也不管你来干什么，史书上记述的太平桥从生活中走来，由于时日长了，慢慢从古镇人们的记忆中淡出，到了这一代，人们已经无所谓古桥的存在了，今人的忙碌和浮躁的生活，连许多昔日的重大事件都已经开始淡忘，何况是一座桥呢？但在许多来到东溪古镇的游人眼里，却不是这个样子。

在太平桥的两边，常常有来此写生的美术学院的大学生，他们蹲在路边，看着桥身被黄葛树的叶子染绿，心绪清空淡远。桥下是清澈透明的流水，偶尔还有鸟鸣，以及鸟鸣间歇之间突如其来的那份幽静。可当他们回过神来，看着远方的那份宁静，笔下的颜色多彩多姿，前面的那树、那桥、那石头，那哗哗的流水都是别样的美景。仰望头顶，那是密密的黄葛枝丫，天空都有些狭小，穿行之间的白云几朵飘过，周围的黄葛树齐心协力地护着古桥。他们也许一待就是好几天，长的也许十天半月，天天在这儿描绘古镇残存的穿斗夹壁墙、人行石桥、跳磴桥、黄葛古树、古寨、古庙等，从不厌倦。这么多年过去了，太平桥始终保持着这一份宁静，显示出当年造桥人的闲适和平和。

这座桥的出现，给了多少贩夫、走卒、书生、胥吏、商贾、郎中以方便，驱散了往日的平静，而歇息时的短时间闲聊或者是长时间的摆龙门阵儿，使得古桥情节丰富又传奇繁多。不说别的，仅它是当年川黔要冲的古盐道，就有讲不完的故事。

古桥阅尽了发生在太平桥的人间万象，那些往来不绝的性灵、情怀都是古镇神韵的积蓄，氤氲不散，而日益深浓。当你站在桥上向四处张望，你会与各式各样的目光相遇，你的视线会叠合许多古老的视线，让你低头沉思。人们的步履，常常是从山间或都市而来，但来到太平桥，也是靠桥来连接，无舟可渡，无岸可依，渴望沟通时，这座桥就是最好的道路，无眼而阅尽沧桑，无足而走过历史，无言而指引方向，这就是我眼里的古桥。

如今，太平桥上的行人稀少，只有鸟鸣和水流依旧，桥两边伸出来的黄葛树枝丫遮蔽了古桥，绿色更加浓郁，把古桥紧紧拥抱，苦于人少，一种阴湿之气加速了它的衰败，有点风烛残年的晚境，可从审美上说，是有历史的韵味，这两种之间看起来很难统一，其

太平桥市级文保单位牌

实这才是真正的古桥。

今日的太平桥，其实用性大打折扣，加之游人不多，可其审美情绪飞扬，古桥已经幻化为岁月如歌的标本和古镇上丢失的一块陶瓷片，横亘在我身边、心中。如果你赤足走在这样的桥上，像走进时光长河的深处，你真的可以慢慢品味，泛起一股对古镇东溪的怀古之情，那么你是幸运儿。

走进古镇东溪，你一定要去太平桥走一走，歇一歇，坐一坐，感受历史，感悟时光。

一座太平桥，是古镇连接历史和现代最为特殊的桥梁，那是古镇与古桥的缘分与融合。

旌表节孝牌坊

牌坊，不算是一个风景点，若不是特别与别的地方大不一样，更不能成为一个景区。农村尚存的牌坊在各地不少，只是保存得好与否，牌坊的大小高矮不同而已，只是建造的时间选择不同，历史的厚度可能不一样，但终其表达的内容都差不多，没有什么很特殊的。

古镇东溪的旌表节孝牌坊，跟残存在农村的其他牌坊也是共同点多，差异偏少。它离古镇尚有一些距离，不算远，在二公里外。为清光绪二十七年修建，就是1902年，现保存得完好。主体全部由青石块砌成，系四个柱子三个门，柱子里两高两矮，三个门中中间的宽，有四米多一点，宽三米多，两边的低而矮一点，有三米高一些，宽一来多，整个牌坊总高度十一米，宽八米多，四个柱子均由两块青石铺成。中柱东侧各有倒爬狮子一对，明间坊下两为鳌鱼吸柱，坊上题额的是建坊题记，竖向楷书阴刻十行，每行二字，从右到左：

大清光绪二十七年，辛卯八月，陈时若时宜谨暨。

牌坊的主楼为门以龛式题刻，上刻横额旌表节孝楷书阴刻。下龛与次间一楼均为节妇姓氏，其上为殿式翘角屋顶，脊正中饰物各一，主楼正中阳刻浅浮雕圣旨二字，旁设须弥座四个，顶为镂空雕花纹拥宝瓶，四柱上为当时名流撰联。

牌坊上镌刻的题记，均为楷书阴刻，字迹清晰。

这样的牌坊，在古镇的不远处，周边的村庄自然不是古镇，而

旌表节孝牌坊正面

是一个典型的江南村庄。江南的村庄有山坡坡，一坡一坡地往上走，可看到不远的宁静的古镇，坡上有树有花，村庄有山岗岗，与山坡坡不一样，岗要高出一些且没有缓缓的坡，岗岗上可以看见更远的远方，岗上有乱七八糟的草丛，透出一丝苍凉，村庄有山沟沟，沟不太深，沟里常常有一条小溪，溪里水流不急，与山坡坡山岗岗一起组成村庄。

这样的村庄里，有一座牌坊，已有一百多年的历史，也不算短了，青石就是一段历史，记载的是一种传统文化的东西，这种传统文化也让许多人不以为然，说这是应该摒弃的文化。其实，对待矗立在乡下的这种传统文化，不是用该不该摒弃的方式来讨论的这个问题，这本身没有什么值得讨论的，有什么需要讨论的问题呢？它已经存在那儿，占不了乡村多大的地方，更没有影响村民的生活，即使在乡村黑黑的夜晚，那高高大大的影子让孩子们有点害怕，也不是什么大惊小怪的事情。孩子们对这个牌坊已经熟悉得不能再熟

第五章　史迹名胜　　171

悉，白天在它的青石柱子周边玩耍，晚上出门从它的身边走过，真的没有把它当成怪物，根本不需责怪。无疑的是一个村庄有这样一个稍有点影响力的文化符号，这算是一个村庄的幸运，不挤占村民的生存空间，不附带向村庄索要任何的回报，这个旌表节孝的牌坊还可以带来很多的故事。

这个村庄是古镇东溪边的竹园村，是陈氏家族所建的，是留在村庄的古老的故事。这个故事不一样的是，这个牌坊下埋葬的不是一个曾经活泼泼的生命，而是两个女子数十年的青春，是对女性的人性戴上的枷锁。但今天，我们不单单是持批判的态度，还应该有理性的态度。从道德上讲，贞节，是对爱情的最终升华，长相厮守，不与他人，那是多么让人羡慕的爱情，可从古至今，战争、灾难等等，天灾人祸不断，守寡妇女无数个，而立贞节牌坊者可数，能够守节的妇女是少数，皇帝下圣旨为其立牌坊，并非无聊之作，是对这少数者的表彰，对一个社会的稳定发展并没有坏处。

随着社会的发展，我们的先祖对于妇女是否保守自己的贞节并没有强加于其身，贞节牌坊只是从物质和形式的结合上将爱情的最高境界给予推崇，这是人类社会有别于兽类的表现，历代有饿死事小、失节事大的事情，不单是针对女性，可又对其女性的约束最

旌表节孝牌坊近景

旌表节孝牌坊一角

多。统治者发布表彰之圣旨，建造一个形状似门的高大建筑。

现代的人都知道贞节牌坊，是古代的为表彰死了丈夫却长年不改嫁，且与其他的男子没有私情的女性。竹园村里的也不例外，它虽然埋葬了两个女子数十年的青春年华，但现代人看重的不是这个，它只是旧时代的一个烙印，用来诉说古时候那些女子被贞节牌坊压抑一生的沧桑过往。如今女性，已独立如玉树临风，我们是要遗忘还是该好好守护它，历史的结论不言而喻，都有责任保护好它，用于警示后来人，或是让后人的后人能了解曾经的那段历史。

相约竹园的旌表节孝牌坊，不一定要刻意去研究其皇帝表彰的是谁，表彰的是谁已经不重要，看见这保存完好的牌坊，心里有一丝的情怀，说不清是悲悯还是伤感。只是远远地看，低下头思考，那就不枉这两公里的行走，给古镇添另一种韵味。

龙华寺

　　一个古镇，没有寺庙是不可能的，也是古怪的。那总是让游人觉得少了点什么。少的是什么呢？也是道不明说不清的。

　　一个古镇，一定要有一座寺庙，不管它是古老的，还是新建的，总之要有，这中间有多少纠结的情感和情怀，也许真的是说不清道不明的。

　　东溪古镇也没有摆脱这个症状，那不是古镇人的错。建于清雍正四年的龙华寺，前身是一个观音庙，扩建于1943年，站在东溪古镇上场岩口湾的悬崖上，占地四百余平方米，系砖木结构，是随着土地的坡度而建的，没有削坡平土，保持了自然生态，前面是川黔公路主干道，侧面是福林河，两侧的悬崖峭壁上，视野十分开阔，可以看见古镇主要的几条河流，如东丁河、福林河、綦江河，三条河流从不同的方向流淌而来，最终流入母亲河——綦江河，可以看见渝黔高速公路的高架桥一路破山穿洞而来，那黄葛树掩映下的太平桥也是一览无余。看来人们把这个寺庙建在这儿，是有考究的。原来镇子上有一个阴阳先生，他是文姓家族的人，为了使文氏家族发达，从这儿的山形水势、龙脉走向，推断此处为龙穴宝地，便请来能工巧匠在一块自然石包上雕一条盘龙，希望其子孙后代能成人中之龙。

　　龙华寺建成以后，成了东溪人求神拜佛、祈求平安的地方，他们常常在生活中不如意的时候，一个人悄悄地来到寺庙里，静静地合十祷告，希望自己的理想能够顺利实现，希望自己的家里人平平

龙华寺正门

第五章 史迹名胜

安安，这些都是无可厚非的个人行为。但这儿作为古镇人自个儿寻求安静的地方，肯定有它不一样的超乎寻常的幽冥。

当你选择黄昏即将来临时分，走入龙华寺。这座已经显得有些凋敝的古寺，坐落在古镇的一个悬崖边上，和那些大寺庙相比较，它就像被长风卷走了其亮丽的一面，剩下的只是苍老朴实。

黄昏之时，进进出出寺庙的人已经很少，对于游人来说，对于这个龙华寺的寺庙来说，都是最轻松时刻。

暮色来临，一切都尽在迷蒙之中，可以有白日不曾有过的身心舒展之时，像下山的太阳一样卸去了重负，坦然地缓缓沉落。你同许多人一样，会感到如期而至的安宁，还有一丝淡淡的惋惜，尚有不少的树叶已经飘落在地上，寺庙里有着好几棵枝繁叶茂的黄葛树，枝丫向外伸得老远，葱绿葱绿的大小不一的树叶子，倒也看不出多少特殊的一面，可那一根一根的皱纹似的黄葛树根，一点不守规矩，向着能挤过去的各种缝隙里生长，不讲情面地野蛮乱窜，最不好拿捏的是树根、树叶、树枝都伸出了寺庙的围墙，不想受到寺庙的约束。

这时节，古寺和人一样显出了本真和从容的一面。

你最先看到的，是龙华寺的围墙，围墙多处残破，墙皮一点点在脱落，看得出那墙内在的泥土，泥土上还存在一些模模糊糊的文

龙华寺天王殿

龙华寺石雕盘龙

字，其文字也看不清楚。你在围墙外和迈入围墙的刹那，是有不同感觉的。围墙外有一种原野和乡村的生生气息，而围墙内香火味流转，明白无误地传递着这样一个信号：这儿是另一个思维世界。长期居住在这个围墙里的人，主要是那个从重庆华岩寺来的常济师父，她想通过另一种氛围纾解自己的灵魂，兀自朝着向往的彼岸。

她为了这座龙华寺，从维修到扩建，始终如一地筹钱张罗活儿，特别是在土地的征用问题上，想尽一切办法，与每一位土地的使用权持有者反复沟通，多次上门去交流，用政策根本说不通，不全是钱多钱少的问题，最后还是利用本乡本土的人士去做工作。不用政策，而用南无阿弥陀佛的思想去告知老百姓。滑稽的是这样做思想工作，老百姓毫无怨言地交出了土地，只吃了一顿老烧包谷酒，敞敞亮亮地交了土地。

她算不上高僧一般的人物，同时也可能有许多扑朔迷离的故事，给更多生活在围墙外的人们好奇和神秘。如今的龙华寺，是古镇旅游观光的一个景点，其格局与大多寺庙一样的，算是千篇一律，重视中轴线、对称、比例、规矩，与今天空间造型艺术走向跌宕变化、奇诡不测的创造相比，古寺保留着那种千年一贯制的平衡和中正。不论寺庙的历史是否悠久，千年文化的积淀、代代传承的凝重厚实，人们不敢去随意改动，以不变应万变，真算得上是大

第五章 史迹名胜　177

智慧。

你面前的龙华寺，这么小的寺庙，舍弃了许多建筑，油彩焕然的只有大雄宝殿，夕阳下的剥落古旧馨露着古朴深沉的意味。寺庙中最让人流连并印上心头的，正是这种洞见岁月风霜的真实写照。寺庙里的剥蚀和残损，何必遮掩粉饰，理应传唤出历史的沧桑感和生命代谢的过程。现实中的人们，大多是乐意解囊装扮这宗教殿堂的，让佛的光彩照人富丽堂皇。在所有人的眼里，一代代的雕饰敷彩，越发走向世俗的技艺和心境，把原先带有灵气的寺院转换成媚俗，如果用审美的眼光看，宗教殿堂都是艺术殿堂。

夕阳掠过寺庙的飞檐，空旷的龙华寺那高耸的顶端，沐浴在嫣红的葡萄酒一般的醉意里。接受夕阳的庙顶仿佛不一样，有多少岁月悄然远去，云卷云舒，风急风缓，雾敛雾散，都在不同的角度变幻着古镇里的古寺。

暮色，终于整个儿地笼罩住古寺的周遭。如果你是独自在昏暗中穿行，不免有些心神恍惚。大殿的台阶前，多少年过去，黑黝黝的供案上明灯依旧长明，晚秋的劲风穿过纹路细密交织的窗棂，拂动着光泽。

当一个人把古寺当作旅游景点或当作宗教修炼来看待时，内心的意味是决然不相近的。多少人从翩翩风度的美少年跨入这门槛，黄卷青灯、晨钟暮鼓洗去尘俗之念进入平和枯寂的老境。这一方弹丸之地，消解了人生的种种不幸和虚妄，身心沐浴在佛光的朗照中，以至于能心甘情愿无怨无悔。

听，暮鼓咚咚咚地响了起来，这种苍老又苍老的声响，沉闷而又顿挫。怀着希望来的也罢，得彻悟而去也罢，佛家清空不计较得失观念的滋润，也许能在心灵深处挽住欲望之船扬起的风帆。

黄昏，不枉你来一趟龙华寺。

观音阁

在东溪古镇的太平桥景区，紧挨着上平桥桥头，有一座三百多平方米的建筑物，是建于清朝康熙十八年的观音阁。上平桥跟太平桥有些不一样，桥下流的是福林河的水，桥孔都是由圆柱形的石头包成的柱子独立支撑着桥面，桥孔不是半圆形，而像是一个四方形，方正而少了些圆滑。这座观音阁在桥头自然可能有些热闹，其左面是川黔古盐道天梯，称之为天梯有点夸张，但在当年从王爷庙水码头下船的货物，不论是盐巴还是布匹，经太平桥、上平桥而走上古盐道，观音阁就是一个节点，阁前面的道路算是平坦的，过了

观音阁正门

阁往前走，那就得爬，双脚用力往上爬，一步一步的青石板小路，抬头是望天，一直通到古镇上。

　　观音阁所处的地理环境有些独特，前方是东丁河，只有那么几十步的距离，不向前也能听见河的流水声，依稀也能看见河流里的石头，圆的方的大小不一，后靠着烟墩山，山的名字就有点窝囊，没有一点英雄气概，山间的这条盐马道两边是杂草丛生，连一棵像样的树都没有，走上这样子的盐马道，尚真有一点古朴沧桑的浪漫。观音阁里有上殿下殿，上殿右侧有个大石包，大石包上长了一棵树龄达五百年以上的古黄葛树，其树根的根系十分发达，一根根的黄葛根爬满在大石包上，其根与根之间的纠结盘旋形状各异，有的如一匹马，是奔跑的马，站立的马，有的如一朵朵花，原野上的花，还是花园里的花，真的是无法分得清，有的甚至像一个个摆拍着各种姿势的人，沉思者，静默者，张狂者，从不同的角度看，得到的结论不一样，这一棵古黄葛树的根摆下的一个迷魂阵，让所有来到观音阁的人，都会站在大石包前仔细地看一阵，有的还会绕着大石包转一转，当然，每一个人想的是什么，只有他自己才清楚。

　　进得砖木结构的观音阁来，供有大小菩萨四十一尊，下殿有七十多平方米，上殿近五十平方米，庭院建有一个碧波六角亭，亭子高五米，角距一米五，水月观音高三米五，在上殿左下侧石崖下有

观音阁上殿

一尊十来米长的安详恬静的睡佛，引人深思遐想。烧香点烛自然是不可少的一种仪式，只不过有的人是沉下心来，不打扰自己的宁静，也不打扰别人的宁静，双手合十埋下头，嘴巴里悄悄的，喋喋不休地说话，谁也不知道说的是什么。有的人觉得进了观音阁，总得做点什么，自觉不自觉地也要烧香磕头，点上几支烛，拜一拜，不求财而求平安是大多数人的愿望。

这样大小的一个观音阁，说大不大，说小不小。说大吧，从王爷庙水码头上来的工人，路过观音阁时，只要稍微有点时间，也都会进去坐一坐，坐下来歇一歇，也许会烧香点烛，也许不会，但是会安安静静的，不会打扰菩萨，这个时候观音阁的地方就有些小了，坐不下的人只有在上平桥上坐，这就不大了。说它小吧，观音阁的面积也不小，水码头的工人散去之时，来到观音阁的人少之又少，香火也就没有那么旺，偌大的观音阁就显得有些空旷，人少则阁大就是这个道理，这时候的观音阁就不小了。阁里都是冷冷清清的，那上平桥上就更加冷清了，烧香的慢慢烧香，点烛的也是伸手向烛台，慢慢悠悠地点，好像跟别人无关似的，只有自己点自己拜。

现在的观音阁，一眼看见的是破败，缺乏的是生气。说它是缺乏生气，那一点都不为过，王爷庙水码头的消失，古盐道的衰落，导致人来人往的景象已经不存在了，偶尔有几个人从阁前经过，也许只是瞟上一眼，进去烧香点烛的更少，这跟信与不信菩萨可能有关系，也可能没有多大关系，人们太忙，破败的观音阁，谁会再来烧香点烛呢？其实，烧不烧香，点不点烛也没有人关心。

东溪古镇上有这个观音阁，绝对不是多余的，它至少是与万天宫、南华宫、龙华寺、麻乡约民信局一样重要的代表着文脉的传承之物，这与你我信与不信无关，重要的是它要存在，不是刷存在感，而是文脉的延续之继。

观音阁没有进行大的维修，矗立在上平桥桥头，清静也罢，闹热也罢，烧香也罢，点烛也罢，这都不重要了，也没有太多的人关注。关注的是这个观音阁尚在古镇的一隅，不显山不露水，默默无闻地存在着，你看一眼，我看一眼，他看一眼，体验与感悟，各不相同。

七孔子崖汉墓群

沿着东溪古镇的一个峡谷行走，那里有一个看似与古镇毫无关系的墓群。这个峡谷当地人叫她东溪大峡谷，我之所以称峡谷为她，是因为这个峡谷的那种高深、阴冷、险峻都不是那么显眼，反而有了一丝清秀般的样子，当然是相对于峡谷来讲的。这实际上就是穿古镇而过的福林河，只是福林河流到古镇的时候，与她的上游不大一样了，原来的溪水一下子变得稍微快速和湍急一些，流水清澈，全都淌在峡谷的石头上，上下河流段的落差大了一些，走在这样的河段里，还真有一种小峡谷的味道。

东溪峡谷不大，有点峡谷的味道却又不是真正的峡谷，但两边的山坡却是非常碧绿，虽只是一丛丛乱草和矮矮的灌木，那坡上的顶却是平的，坡的斜度较大，从顶到峡谷的底有的是直立的沙质崖壁，崖壁上有两组二十座墓苑。这儿的墓苑两组相距二十米，从南向北的编组来看，南组十个墓，北组二十个墓，南组长三十八米，北组长三十九米，其汉墓全部为草室墓，墓门面向福林河，上下共三排，底下的排靠着地面，其余的两组高出河面较多，墓门外的崖壁上有刊刻记隶著和鸟儿、兽、人物、阙等图案，墓形有拱弧形顶、两面坡顶、穹隆顶三种，顶上部有小龛六角菱形，四壁多用龛线刻纹装饰，后室壁有纪年题记，门楣多为一层门楣，门楣粗糙。

穹隆顶，有方形长龛于顶中，墓室后壁中左部有刊刻纪年题记隶著，即永和四年四月。墓道门楣两侧壁有昆虫浮雕的图案，

七孔子岩墓群

墓门两角有刊刻图案，墓顶及四壁刊刻线纹，行云纹和辐射纹两种。

　　远看这三排的草室墓，顶上是杂草丛生的小土坝，由于临高速公路，种植庄稼的少，几乎是一小片荒原，偶尔有几棵不高的树在那儿长着，仿佛才有乡村的味道。那三排的七孔子崖墓静静地矗立在崖壁上，有几百年的历史，没有说七道八。其实，在古镇人眼里，这儿也没有什么奇怪的，夜色深的时间尚有几丝使人害怕，白天，人们路过的那段时间，看上一眼便从眼前而过，不看也是习以为常，那儿不就是一些蛮子洞吗？里面究竟是埋些什么？人们也许根本不关心，一排一排的不就是墓吗？这么些年，谁会去关心呢？

　　近看这三排的墓室。站在东溪大峡谷的人建了走廊，走廊已经跟古建筑没有什么关系，是后来的人们为了方便行走在峡谷而建的，最下面的一排墓室离地面很近，抬眼就能看见，但又不知道里面的结构，胆子大的还有一点想法，也不敢悄悄地进去，胆子小的人连想都不敢想，仰起头才能看见上面的二排墓室，一个一个的蛮

第五章　史迹名胜　183

七孔子汉墓石刻图案

子洞，稍有规则地排列，又好像有规则又没有秩序，又不像杂乱无章。

洞与洞之间的距离上下左右不同，差距又不大，这是古镇特有的现象，很多人不知道这是什么墓。

谁会去探讨这些墓的前世今生呢？

你也许来到古镇还没有注意到这些古墓，但当走进东溪大峡谷，想没有想都没关系，一定会看到这三排的墓。怎么看都会看到，根据研究探讨过这些墓的人说，告诉你一个吃惊的消息，这是埋葬傣族人的墓室，傣族人曾经生活在东溪古镇的某一个地方，他们生活的世界是个什么世界？史料上记载的资料不多，不敢妄加评论，但这些崖壁的墓室是一个谜，至于这个谜要到什么时候才能真正解开，历史上有历史的推断，现实中有现实的存在，这三排的墓室既是历史的推断，又是现实的存在，有傣族人在这儿生活，那也是东溪人的祖先。

古墓的存在有没有证明傣族人生活在这儿，那又是另外一段历史。云南的傣族人承不承认？东溪古镇的人承不承认？这些都跟历史有关系，跟现实没有多大关系，只要这些古墓尚存在，那段历史永远不会被淹没。

来了东溪古镇，真的要去看看这些崖壁上的墓，不论你是游客还是过客，那是一段不平凡的历史。

离开东溪古镇，也许你会想起这三排崖壁上的墓，那只是一种存在，永恒的存在，不论你信与不信，那就是现实里还存在的墓。

七孔子汉墓修建时间题刻拓片

第五章 史迹名胜 185

一石三碑

从字面上理解，一石三碑是指一块石头上刻有三个碑，这是一块什么样的石头？这块石头承载了什么样的历史？它能载得起吗？

在东溪古镇，就有这样子的一块石头，它是历史的见证者，见证什么样的历史呢？那么就去见证见证这一块石头。

一石三碑始刻于清光绪十九年，就是1893年，此块石刻刻在一大岩石上，岩石高约八米，宽约十米，岩石上有三块碑，第一块刻有：圣旨和大清光堵十九年癸巳岁五月初九穀旦；第二块刻的是：鱼帮罚贴晓众和光绪十年冬月二十上立；第三块上刻：邑桐，养生塘和光绪元年四月十三日实贴鱼沱晓论。这三个碑因那段特殊

的历史的原因，碑文比较模糊，文字已经不甚清楚。奇怪的是大石岩下一小水沟，沟里的水流向一条河，那条綦江河，在此水沟上用三块石头搭成一座石桥，同时又在岩石下端刻有一块碑，刻有川贵两省綦桐二县交界补修和道光庚寅年正问中浣日吉旦立，从此就流传着一石三块碑，三石一座桥，一脚踏两省的俗语。

一块大岩石上刻有三块碑不算好大个奇事，但它不是三块简单的石碑，是存在于与古镇有点距离的四川省綦江县与贵州省桐梓县的交界处，那就是一个有着特殊意义的石碑。石头是一块平凡的石头，却又因为处在这个位置，那又是一块不平凡的石头，那刻有的文字有着不同的意思。其实，很多人以为这样的交界处在一个较远的地方，毕竟东溪古镇要通过那长长的盐马古道才能到贵州，那长长的盐马古道要穿山越岭，爬坡上坎的。这块大石头却是在綦江河边离古镇不远的地方，石头所处的位置却真的是贵州与四川的交界地，原来这儿有一块飞来的地，属贵州省桐梓县的管辖区，小得有些可怜，那是属于桐梓一个叫居仁的乡政府管理，但它就是一个地区主权的象征，那是贵州省的地盘，地上所长的庄稼属性也就不同，不论长得丰硕或是瘦小，收割了就是贵州省的，税赋也是要上在贵州的，飞地也不是一个奇特的现象，由于这块大石头正好在这儿，才有了一脚踏两省的说法。奇怪的是地的周围生长着一大片的木菠萝树，树的叶子嫩绿嫩绿的，大大小小的木菠萝树长在大石头周边的山坡上，一棵一棵的既没有规律的距离，也没有散乱的感觉，大的树挨着山脚下，延伸着一棵一棵地往綦江河边靠，那树上结出的果子真的是有一些不同样的形状。

现在的一石三碑地，其大石头所属的特别的地方还有一点看头，其可看、耐看的内容还是毕竟有限的，那大石头所刻的文字也难研究出特殊的内容，来看和想来看的游客其真正的目的肯定不是那几行文字，其文字无所谓研究不研究，那儿已经不是一脚踏两省的地，因为新中国成立后，这儿的飞地已经不是飞地，飞地的性质已变，不再属于贵州省桐梓县居仁乡，而是划归四川省綦江县东溪镇管辖，纠结于一石跨两省就没有什么意思，倒是那一石三块碑，三石一座桥有点看头。

如果你来到一石三碑地，倒也不会一无所获。前段落中写到的木菠萝树长得郁郁葱葱，分布在綦江河岸边的山坡坡、山岗岗上，那每一棵木菠萝树上结出的木菠萝果子，以其丰富的营养价值受到少数人的追逐，大多数人还不了解这些木菠萝树，这种果树对生长环境要求高，全国各地发现的也不多，但自身的价值是不可低估的。随着时间的推移和历史的发展，你看见的木菠萝树会被人们所接受。

当你站在一石三碑前，对历史要虔诚。因为那石头那石碑也是古镇的历史。

一石三碑尚在那儿，历史就在那儿。

木菠萝采摘

那块一脚踏两省的石碑，一脚已经不能踏两省了，两脚也只能踏在古镇的土地上。

作为贵州省桐梓县居仁乡的土地，已经不复存在了，但飞地的历史是存在的。

现实中，你在看一石三碑的同时，还可看一看与恐龙同时代的木菠萝树，如有幸能喝上一口儿用木菠萝果酿的酒，会更加快意人生。

牛心山

　　牛心山，在东溪古镇的西北面，属大娄山脉系的一个分支，是一个突兀的孤峰，其山脉的主干经贵州省习水县的关口，分为多个支脉，其中的两条支脉各绕着丁山小盆地数十里延绵，形成东溪古镇左右的山脉。

　　东溪古镇的四周，有名的山不多，而且算不上大山，也就是几个小山头，前面说过的琵琶山稍有名气，牛心山与它低昂相对峙，与古镇的距离不算远，从垂直海拔看有大约五百米的高差。如果从古镇出发，大约五公里的行程就能登上去，上了山以后，峰顶四周

牛心山山崖边的摸儿洞

危石嶙峋，石头与石头之间裂缝大小不一，站在上面有欲坠之势，如有风吹来，晃悠悠的人还是有一些害怕坠落。以前的山峰上是树木葱茏，人类活动的足迹少之又少，人要从山下爬上去，因没有固定可通行的道路，靠自己的双手扒开荆棘和草丛，慌乱之中可以攀着藤蔓，借着藤蔓的支撑力量寻找着一条条的羊肠小道。可是，自己走过后的羊肠小道又会被杂草所淹没，后人不可能借助我的道路再往上攀登。到了山峰有另一番风景，山峰的左面有一个摸儿洞，传说希望生男孩的人们对这个摸儿洞十分崇拜，常常有远方及近处的人爬上去摸一摸，如果能够摸准的话就十分灵验，人们生男孩的愿望就能实现。山峰的后面原来有一座小寺庙，取名为天成寺，相传是清光绪三十年有一个王善人，他曾在这里掘得一尊佛像，就鼓动乡人共同捐资，建雷音寺于前山腰间以祀之，供释迦牟尼及燃灯等佛，只有一层的庙宇，后又增建玉皇一殿于其下，取名灵泉寺，是以寺的侧面有一口井不溢不涸而命名，至民国三十一年，东溪人于其下又修一殿，名忠烈祠，共成上、中、下三殿。乡党又将万寿宫的关羽瓷像迁入其中，两侧供抗日阵亡将士牌位，上悬木匾金嵌

从不干涸的牛心山古井

牛心山山峰上的石刻

"气壮山河"四字，乃是中华民国军事参议院院长陈调元所题。1961年，牛心山山顶的天成寺被拆，只有山门尚有一联，为忠烈祠遗迹，文为"英雄毅魄冲牛斗，菩提善果种心田"，意思是说抗日英灵气贯牛斗而功超神佛，又有英雄肝胆佛心肠之意，草丛另外发现有残联一半，文是"到此处脱尽尘嚣，若非大义精忠，哪个敢来依玉阙……"，想来亦是忠烈祠遗物。

牛心山上的忠烈祠里的抗日牌位为中华民国军事参议院院长陈调元所书写，这又是怎么一回事呢？军事参议院是国民政府最高军事咨议机关。民国二十六年，抗日战争全面爆发，这个咨议机关迁到离东溪古镇二公里的双桂园，双桂园的地理环境十分悠雅，右侧一条小溪清澈曲水，人称流杯池，是陈氏某孙求学归来，办酒与亲朋相聚庆祝遗迹，渠形如"弓"字而多又叠，凿于临河石滩，引水灌之，于每一曲处依次列坐众宾，斟酒于羽觞，其流歇所在为谁即罚谁以金谷酒数。陈某以高中而得意忘形，故有此举。双桂园的房屋结构以土木为主，重檐悬山顶，房顶有浮雕，墙上有画，从正大门远望是一马平川、无遮无挡的乡村田野的风景。院长陈调元系特级上将，来到东溪后，为抗日将士题写了"气壮山河"的四个大字存于牛心山的忠烈祠，自然是为抗战鼓舞士气。

第五章 史迹名胜

现在的牛心山，在古镇上算不上一个景点，因为刻意去登山的游客很少，因为山峰上的寺庙已经毁得不像样子了，上山去也看不了什么，那些仅存的一些遗迹都只能去猜测。当然，有的游客有兴致倒可以登上去，看一眼山下的古镇，有一览众山小的感受，谁说古镇不美？从山上所看的古镇有另外一种美，山上是残缺不全的美，山下古镇是葱绿变幻的美，古镇的小巷透出的缝隙把古镇分成几个大小宽窄不同的格子，每一个格子都有自己不同的风度。

登上牛心山，可以看见不一样的古镇。

如果从古镇出发去登牛心山，那又是另外的旅程。

牛心山石梯步道

金银洞瀑布

大凡古镇，都有水，水才是古镇的灵魂。

东溪古镇的镇子上却没有水，那从古镇边上流走的东丁河、福林河、綦江河，流的水有快有慢，淌的水有大有小，但都从古镇场子的外边走了，尽管是走得有些不离不舍，可也没有什么办法，人往高处走、水往低处流的道理是永远的现实和真实，没有什么东西能够改变这个真实。

古镇上的人外出的多起来，特别是去看过周庄、乌镇的，都特别羡慕那古镇里流淌的那一泓清水，一股股、一束束地围着古镇的大街小巷、粉黛青瓦，那已经不是水，而是古镇里流动着的魂，所有去过周庄、乌镇的人都是惊讶又羡慕的表情。东溪古镇的人也想

大金银洞瀑布

那灵动的水，曾经设想过从古镇边的三条河流中引水进来，在古镇的大街小巷里挖出一条条河沟，让河水流过古镇的大街小巷，但那只是一种设想。引水进古镇，肯定不是一件简单的事，工程要耗费巨大的财力不说，水的生态、人类的活动、水资源的保护都是一个系统工程，绝对不仅仅是钱能解决的问题，设想归设想，或者是幻想归幻想，想把水引进古镇的思路只成了一个想法，至今也没有付诸实际行动，自然三条河流的水归于自己的目的地，缓缓地从古镇流过，没能发挥出水精灵的作用。

　　沿着古镇边上，有一个叫金银洞的地方，不但有水，还形成了瀑布。那是东丁河的河水蜿蜒曲折地流经水口寺桥下，又突然折而向东，没有去路的时候落入一个深潭。潭有多深？没有人丈量过，但瀑布的高差有三十多米，丰水季节时水流如注，一路狂吼着向下冲去，瀑布的后面有一个很多人没有进去过，也不知道有多大、多深的石壁，反正那瀑布倒成了它的帘子，有的说像一间大的屋宇。

　　它为什么叫金银洞呢？相传从前有探险者偶然憩在洞的侧面，看见洞里面的石头缝隙内似金银一样的累积，喜出望外，悄悄地探取出一锭为己有，随即又用泥土覆盖，以防他人发现，待夜深人静的时候，一个人又神不知鬼不觉地背个筐到洞内再取金银锭，可找遍了洞内所有地方，一锭金子银子都没有，他以为是晚上看不清楚的原因，第二天白天又悄悄进洞搜寻，还是什么都没有看见，石头缝就是石头缝，石头就是石头，后来的人们就叫它金银洞。后来的文人墨客们嫌金银二字庸俗，更名为鲸吟洞，有了些文意。瀑布北侧有石隙渗出一股小清泉，清冽凉爽，前人就石凿了一口井，方便行人，原来尚有残缺破败的屋子数间，无人居住。清朝末年，有游方道士居住过，并于井上岩壁上书一大"福"字，找人镌刻，准备在此长期住下来。本地人罗氏认为这个地方归其所有，硬加斥责并干涉，道士十分不满，临去时谓曰：待到山穷水尽时再来看你。这个话有些恶意，罗氏就将石刻铲毁，现在隐约可见其痕迹。后来有姓金的人在此用井水生豆芽为业，豆芽肥大嫩脆，色如金银一样，可卖个好价钱，其家遂以小康，有人戏说，这就是前人没有找到的金银。

　　金银洞又有大小之分，前文所说的是大金银洞。

小金银洞瀑布

大金银洞的瀑布水流过上平桥，再又跌落下一层悬崖，再冲成一个深深的潭，但这个悬崖比大金银洞低，潭也浅一些，人们称之为小金银洞。小金银洞要小，但周边的景色不比大金银洞差，两边的黄葛树成群相连，构成一幅巨大的树冠，行走的人们完全可以在黄葛树的遮挡下享受清凉幽静之美。

一个古镇有两个大小不同的瀑布，那也算是东溪古镇与其他古镇的不同点，虽说这样的瀑布算不上雄伟、英姿勃发，可毕竟在古镇大街小巷之外，从镇子上穿到水口寺外面，看不出金银洞瀑布究竟在什么地方。东丁河的流水声在这儿戛然而止，倒是那戛然而止的地方赫然矗立着一栋新修的房屋，从那里的窗户往外瞧，一定能看见美丽的风景。要想见见瀑布的真实面目，得从那条古盐道走下去，从侧面看一看大金银洞瀑布，流水一冲而下，不是跌落的河流，而是站直的河流，流水扑棱棱地一个劲儿往下掉，形成了一道雾蒙蒙的水帘子，密而透着风，那是古镇的一股风。侧面看了以后，再行走一段古盐道的小路，直直地对着小金银洞的瀑布。流水是明显小了一些，掉下来的气势也不如大金银洞瀑布，可掩映在黄葛树群里的小瀑布也别有一番味道，细细的水雾飘啊飘啊，有那么一滴或者几滴飘到你我的面前，打湿了你我的脸面，脸上湿湿的。

瀑布是一条河流的变形，这在古镇也如此。

你如果漫步在古镇，不一定非要选择看这两个从不招摇的金银洞瀑布，但也许在你的游程之中，自觉不自觉地会与瀑布相遇，偶然之间必然与瀑布相对。在古镇不大的地盘，串过来串过去都是东南西北的几个方向，不论从哪一个方向来，一般情况下，大小金银洞瀑布总是会出现，有时想躲也躲不开。这是什么原因呢？主要是大小金银洞瀑布所处的地理位置，它们是古镇主要景点连接的地方，看完古镇的大街小巷，看完王爷庙太平桥古渡口、南平僚石碑，从上向下，从下往上，都会撞见大小金银洞瀑布。

你可以在瀑布面前久久停留，那水雾能够洗涤你疲惫的身体。

万一你错过了大小金银洞瀑布，不用遗憾，东溪古镇唤起了你的慢生活，看不看瀑布又有什么关系呢？

在东溪古镇，你的时光之步一定要在瀑布面前慢下来。

黄葛树画廊

在东溪古镇，庞大的黄葛树群真是一绝，人们称之为黄葛树画廊。称为画廊，那廊里的主角自然是黄葛树。

黄葛树，算不上奇树，别名大叶榕、马尾榕、雀树、黄桷树，是落叶乔木，高十五至二十六米，大多胸径三至五米，树冠广卵形，单叶互生，叶薄革质，长椭圆形或卵状，叶面光滑无毛，有光泽，隐花果近球形，熟时黄色或红色。在我国的华南、西南地区遍布生长，多生长于溪水边及疏林中，耐寒性较强。东溪古镇属西南地，古镇以太平桥为核心占地五百余亩的地方，居然长着五千多棵黄葛树，也算是奇葩的一景。

层次丰富的黄葛树生态群

黄葛树，是重庆直辖市的市树。作为直辖市的一个古镇，能够有这么一大群的黄葛树，那真的是与直辖市心灵相通。古镇的黄葛树，是不需要一个人、一只鸟去播种，比如鹧鸪，口衔着一粒黄葛树的籽粒，张嘴唱歌，一棵树就种下来了，只需要一场小雨一束阳光，那一棵树就会破土而出，长大以后甚至会穿房顶而出，它就拥有了房子的主人翁之感，向那曾经播撒种子的小鸟招招手，偶尔有一条树根就可能从地下悄悄钻入客厅，那一只小鸟就叽叽喳喳飞进了窗子。由于黄葛树的存在而四季葱绿，它五月种下就会五月落叶，九月种下就九月落下，这一与其他树不寻常的习性，像姓黄的美男子，在哪一天爱上了某个美女，就把那一天作为它开心或者伤心的纪念日，年年落泪如同落叶纷飞。黄葛树并且没有年轮，至少是年轮模糊，这是由于它对天气具有特别的敏感度，始终在变化之中，判断一棵树的年龄，一般要用钻孔取样或采用 C 同位素测定，可这样的办法在黄葛树面前一概没用，用什么来测一测黄葛树的年龄呢？只能根据周围居民的回忆来确定其年龄。

东溪古镇的黄葛树生长在山坡上、溪河边、小路旁、桥墩下、石头缝里，它们在东丁河、福林河与綦江河汇集的地方，为行人遮蔽风雨和烈日，参与了这座古镇的无数新闻和秘史。这些黄葛树有多年轻？有多古老？只有那居住在太平桥的原住居民，也许他们可

黄葛树下的老家

黄葛树掩映的古道

以说得清楚，或者也说不清楚。但它们各抱各自的地势，各具情态，那真是千般婆娑，万种风情。有的枝丫旁逸斜出，有的参天耸立，直插云霄；有的盘根错节，虬枝交错，有的袅娜多姿，坚强不屈；有的在悬崖边伸出头，有的在溪水边垂钓；有的绿叶和枝条显得豆蔻年华，有的枝丫又是老态龙钟；有的黄葛树相拥相吻，难舍难分；最有趣的是那一棵情侣树，一根树干分出的两枝丫，其开花和落叶的时间各不相同，因为它们原本就不是一棵树，是两棵黄葛树相邻而生长，时间长了就合二为一，虽然融为一体，却又因其栽种的时间不一样，自然开花和落叶的时间就不同。还有那黄葛树上大多缠满了青藤，分不清是藤缠树，还是树缠藤，树与藤之间缠绵悱恻。

春天的东溪古镇，其黄葛树生长蓬勃，也就证明了大多黄葛树是春天的鸟儿衔来的种子，播在了太平桥那一片土地。大多数黄葛树仿佛从冬天的梦中醒来，春雨哗哗地淋着，抽出了嫩绿的新枝，枝丫上结满了玉兰花苞一样的小果子，渐渐地这些小果子裂开，那嫩绿绿的样子惹人怜，小鸟在树丫上唱歌。重庆一些大学美术专业的大学生，他们背着画夹游在古镇的黄葛树群中，寻找到一处适合写生的石头或树下，他们就蹲下来支起画夹，三三两两相邻或相对在太平桥、王爷庙的任何一个地方，闲下来认真地画，画出古镇美丽的春天。夏天，黄葛树们伸出的绿叶遮天蔽日，成了游人们躲避急风暴雨和烈日炎炎的一把保护伞。到了冬天，渐渐的绿色叶子也会慢慢枯黄，落叶纷纷似一只只黄蝴蝶，可有的黄葛树依然绿叶葱葱，两种颜色的叶子在同一片的黄葛树上挂着，这样的景色只有在黄葛树上才会有。

　　古镇上的黄葛树，要数王爷庙旁边的那一棵和太平桥边的树，树叶茂盛，伸出妖娆的树枝上的手延伸到綦江河的河面上，缓缓流淌的河水里有黄葛树的影子，时而破碎得影子无存，荡过来荡过去的黄葛树，其身影不齐全，静下来的河面上，才有黄葛树的样子。两棵黄葛树的根与土坎上的石头泥土紧紧相拥，是树根钻进泥土，还是泥土石头拥抱着树根，谁也说不清楚。反正根不离土，土不离根，最离奇的是根与石头缠斗在一起，有时把石头抱着，有时又顶着石头去探寻一条路。那向四周散开伸展出来的枝丫，蓬勃得像一把巨大的伞，真的可以挡住火辣辣的阳光，至于说挡雨倒不如挡阳光，一场大雨下来，还是会被淋成落汤鸡，扑棱棱的大雨从树叶间的缝隙掉下来，那树叶怎么会挡得住呢？

　　王爷庙的古渡口，那棵黄葛树是吉祥物。

　　太平桥的黄葛树，是美术学院帅哥美女们启发灵感的吉祥树。黄葛树画廊，成就了许多美术师生的杰出画作。

黄葛树盘根错节

比翼双飞的黄葛树

六院九市

　　走在东溪古镇的大街小巷，经常听见人们相互称呼为这样长那样长，李市长好！马院长好！相互之间叫完之后，又哈哈大笑。为什么院长和市长可不少呢？初初一听，你可能很奇怪。一个古镇上怎么可能有那么多的市长、院长呢？其实，这在綦江河岸边的一个古镇也不稀奇，那是镇子上的院子多市场多的缘故。

　　古镇上俗称的主要有六院九市，先说说六个院子。

　　你走在东溪古镇的大街小巷里，抬脚抬眼就可能看见其中的任何一个院子。

　　明善书院，位于古镇的一条老街上的书院街，是镇子上的举人陈明善为办义学修建于清道光二十七年，四合院布局，建筑面

明善书院旧址

夏家院旧址

积一千余平方米，一楼一底二层，有上下厅左右厢房，中间有一天井透光透亮，主要用于镇上的孩子们上学，兼备私人住宅和社会功能。

在新建路上的贾家院，属于私人豪宅，是举人贾泽安在清道光三十年动工修建的，同样的四合院形式布局，有九百余平方米的建筑面积，跟明善书院的结构完全相同，只是用途有所区别，此院纯属私人住宅，没有其他的社会功能。

位于草鞋市的候家院，是巨商候安邦于清乾隆十二年修建的，四合院式的布局，天井、厢房、厅堂都与其他院子无异，候家修建此院不是办学，也不是用于私人空间，他在此兴办实业，开设了仁丰和酱园铺子，所出售的酱油、豆瓣、豆腐乳等食品畅销于云南、贵州、四川等地。

涂家院在古镇的上场口，一听就知道是姓涂的家族筹资修的。涂家不是经商的，涂家院是当地涂姓的官员在清朝嘉庆六年所修，"口"字形的天井，楼上楼下的布局与私人住宅相差不离，那一左一右的厢房更是四合院的重要组成部分。

第五章 史迹名胜 203

东溪鸡市旧址

　　紧邻贾家院子的是伍家院子，只用于私人住之用，是古镇上的商人伍义然于清乾隆八年修建的，四合院的院子建筑面积要大一些，院子的结构跟其他院子大致一样，伍家在用于家人住的同时，开了一个私人钱庄，也是古镇商业繁荣的一个见证。

　　在东溪古镇的下场口，还有一个院子，是属于当地官员兼商人的夏至飞于清道光元年出巨资修建的，同样的四合院形态，面积有一千二百余平方米，夏家的这个院子既不是用于家人住的，也没有用于经商，而在此开设了一个铁厂，院子里常常是火星四溅，那叮叮当当的打铁声回响在古镇的小巷子里。

　　古镇的六个院子，其修建的年代虽然有点点相隔，但大致上是相近的，所以其建筑风格和形态也基本相近，一律的四合院，一律的楼上楼下二层，一律的上厅下厅、左右厢房，那个年代有这样一张四合院图纸就可一个蓝图绘到底，想变的东家也难，没有办法找到更好的建筑格局的房屋，一栋四合院建筑代表着中国千年传统的文化，那不仅仅只是一栋好的建筑，更是中国文脉的延续，作为一个古镇更是如此。它本身就是中国文脉的一部分，传承着一个地区、一片地域的文化血统，也是大中华中的那一个局部地方的某些风土人情、世俗传奇的往前延伸。

东溪古镇的市长不少,跟院长还有些区别。能够当院长的大多数是商人或为官的人家,家庭都比较殷实,不论他们盖这些不小的院子是用于住宅之用,还是用于开钱庄开办铁厂作为经商之用,没有较强的经济实力是做不到的。让古镇子人欣慰的是这些富人家中,有的开办书院,传播知识和礼仪,有的办钱庄,使古镇的商业愈加繁荣,还有的建一个铁厂,也算是走实力救国的路子。市长可比不上院长有钱,能够当市长也不一定要有钱,因为这样的市只是不同的交易市场而已。

古镇以前是一个县行政公寓所在地,有水码头,有盐马古道,商业自然是繁华的。形成了百货市、麻纱市、水口寺、竹子市、草鞋市、柜子市、鸡市、米市、猪市。这九个市比较好理解,市长也就好理解了,那就是古镇上管理这些市场的负责人,经营什么就叫什么市。人们早早来到市场来交易,沿河岸边泊船无数,灯火辉煌,歌舞升平,一片热闹的景象。这九个市里最特殊的是水口寺,好像与交易什么无关,为什么叫水口寺呢?原来在大金银洞瀑布上方五十米处,于清乾隆四十九年建有一寺,此寺庙又正好在东丁河

水口寺旧址

的水口处，故名曰水口寺，风景十分独特，有小桥流水，树木古老而茂密，所开的茶馆生意兴隆，这个寺与其他市明显不同，不是古镇上的市场，而是古镇的寺庙，但这个寺庙又与其他寺庙不一样，香火不算很旺，可云集的人真不少，周边甚是热闹，做小生意的人多来此地，这一点看又与古镇上的其他市有相同之处，因该寺临河，又常卖鱼类水产，也被人称为鱼市。

有时走在古镇的小巷子，确实常常听见人们问从哪儿来，回答说水口寺、鸡市坡，或者其他的什么地方。这样的回答是常态，表现出古镇的经济、农贸市场、商业的繁荣发达，尽管这样的市场已经渐渐消失，但作为地名是一种深入古镇人内心的名字，不可能消失。

古镇的六院和九市，大部分成为历史，可古镇的风韵因它们的存在而更加妖娆。

第六章 民间美食
MINJIAN MEISHI

　　美食如人生。一道美食，自是色香味俱全，人生也是如此。有了色香味，人生才是充实的，生活才是丰美的。作为古镇东溪，美食是诱人的，也是独特的。东溪花生、豆腐乳、刘氏黑鸭、杨狗烧腊、黄荆豆花、米豆花、活水豆花、米黄瓜等，让人们在阅读中品味、在品味中感悟、在感悟中深情、在深情热爱、在热爱中执着。酷爱美食，可以让生活变得更加美丽，可以让生活更加贴近心声，可以让生活更加绚丽多彩。

东溪花生

七月的时光里，伴着骄阳、清风，总是飘来花生的芬芳，还有淡淡的泥土气息。

每年七月份，东溪柴坝、草坪等地里的花生便可以拔了。小时候，我常乐呵呵地跟着父母一起到田地里去帮忙拔花生。

头顶烈日，蹲在土中，双手握紧花生的根部，使出全身的力气拼命地向上拔，整棵花生倒也是拔出来了，自己却因重心不稳而一屁股坐在了地上，沾了一身的泥，惹得人们开怀大笑。

花生要一个一个地从花生苗根部摘下来，放进背篼或箩筐里。一天下来，我的小手虽成了小泥手，但感到很快乐。

东溪花生　何永松　绘

大人用长扁担挑着一箩筐花生到溪边去，直接把箩筐泡在流水里，冲刷花生壳上的泥土。洗干净了之后，又把花生挑回院子地坝上去晒，晒干后可作生花生卖。有时把刚洗干净的花生，放到大铁锅里，用盐水煮熟，抓几把奖励给辛勤劳作的孩子们。然后把煮熟的盐花生用煤火烘干或在晴天晒干，逢赶场天再挑到东溪街上去卖。

花生在民间被誉为"长生果"，有"常吃花生能养生，吃了花生不想荤"之说。在东溪民间至今还流传着男女结婚以红枣、花生、栗子相陪而寓早生贵子之意的习俗。在寿宴、婚宴席或节庆串门时，主人会热情地端出一盘花生来招待客人，以示喜庆吉祥。在东溪还流传着一些与花生有关的谜语，如"麻屋子，红帐子，里面住个白胖子"等。罗生看花生的故事，也还一直流传着。

相传，很久以前，花生的果实是长在花生苗枝杈上的，那现在为什么又长到土里去呢？这就要说及东溪陈、罗、夏三大家族中的罗家。罗家有良田千顷，广种花生，收益却不好。因为花生结在苗的枝杈上，那成群结队的大鸟、小鸟便啄花生吃。一天，罗家一少年叫罗生到地里追赶鸟儿，却看到一位白发老翁倒在地上，奄奄一息。罗生顾不上赶鸟，去给那老翁喂水，吃干粮，老翁醒来后说："好孩子，你心存善良，会有好报。从此你不用赶鸟了，我帮你把花生埋进泥土里吧！"说完，白发老翁把手中的拂尘，对着广阔的花生地从上向下轻拂三下，飘然而去……罗生如梦如幻，往花生地里一看，那原来结在花生苗枝杈上的花生没有了，全都钻到泥土中去了，只剩下一片绿油油的叶苗。从那以后，花生就一直长在泥土里了。

东溪花生种植，历史悠久。东溪花生种于清康熙初年，主要种植在大安（原柴坝）、草坪等

水煮晒干后的东溪盐花生

东溪米花生礼品装

村，栽培技术娴熟，土壤气候适宜。以米花生为主，属早熟型品种，生育期春播120天，株高35厘米，分枝8个。出苗快而整齐，幼苗直立，叶片淡绿，呈宽椭圆形，节间短，茎秆粗壮，果柄短而韧。开花早而集中，不易落果。果状为茧形，双仁果多。以果小饱满、色泽亮丽、口感香脆等，深受广大群众的青睐。

近年来，为进一步提高花生品质，东溪镇在稳定花生种植面积的同时，大力推广花生无公害生产技术，积极开展无公害基地、产品的认证工作，制定了花生无公害生产技术标准和操作规程，组织农户按照标准进行生产、收获、储藏和运输。目前东溪镇花生无公害示范基地有三个，面积上万亩，成为当地农民增收致富的产业。

"东溪多盛事，花生亦状元。"现在，东溪盐花生制作技艺是区级非物质文化遗产，且注册有"东溪花生"、"柴坝花生"、"东溪状元花生"等品牌，味道纯正，远销重庆、遵义等地，有的在网上销售到全国各地，赢得了广泛赞誉。

东溪豆腐乳

　　20世纪七八十年代，农村的生活还十分贫苦。每逢过年，家家户户都要做一盘豆腐。做豆腐的原料豆子富含蛋白，营养较高。豆腐是"都福"的谐音，农村人过年图个吉利，有祈求全家人"都有福"的意思。首先用石磨将泡好的豆子磨成豆浆，再将豆浆放进锅里烧开，然后用白纱布过滤出豆渣。之后再将豆浆倒入锅中煮开后，用胆巴水把豆浆点成豆腐脑，然后再经过揉压去豆花水，放在垫上豆腐包袱的竹筛或筲箕里用石头压住，等水压得差不多了、一

东溪腐乳产品

东溪腐乳技艺获市非遗牌

竹筛或一筲箕白中泛黄、软硬适中的豆腐就做成了。

豆腐做成后，就可以根据需要制作豆腐乳了。豆腐乳是一种滋味鲜美，风味独特，营养丰富的食品。主要以做好的豆腐为原料，经过培菌、腌坯、配料、装坛发酵精制而成。根据腐乳发酵生产工艺，豆腐乳分为腌制腐乳、毛霉腐乳、根霉腐乳和细菌腐乳四种类型。在我的老家，一般是腌制腐乳，就是把豆腐坯加水煮沸后，加盐腌制，装坛发酵成腐乳。这种加工法的特点是，豆腐坯不经前期发酵，直接装坛，进行后期发酵，依靠辅料中带入的微生物而成熟。这样做出来的豆腐乳滋味鲜美，咸淡适口，无异味，块形整齐、均匀、质地细腻、无杂质，具有白腐乳特有的香气，一般需15天左右就可食用了。

现在想来，老家做的豆腐乳之所以好吃，应该是与制作豆腐乳的原料豆腐好有很大关系。现在市面上售卖的豆腐水分太多，软而不硬，且添加了其他添加剂什么的，因此吃起来很难有老家自做的豆腐那种特有的香味。多年没有吃过家乡做的豆腐乳了，真的好怀念家乡浓浓的腐乳香。

值得庆幸的是，东溪新市场210国道旁的东溪酿造有限责任公司酿制的豆腐乳，还有家乡腐乳的味道。该厂距今有150多年的历史，它的前身为东溪人侯积榜，号仁丰，于清道光三十八年在东溪草鞋市凤凰山开设的"仁丰和"酱园铺。该厂迁建于民国十七年（1928年），易名为东溪酱园厂。1956年实行公私合营，把东溪陈家在后山坡开办的上海酱园厂、冷家在鸡市坡开办的冷氏酱园厂、罗家在农场开办的罗氏酱园厂，更名为公私合营东溪酱园厂，属县国有商业企业。1965年，重庆市蔬菜公司接管了该厂，易名为东溪酿造厂。

2005年企业实行改制，易名为綦江东溪酿造有限责任公司，成为一家以传统工艺和现代科学技术相结合的农产品加工企业，年生产各种风味的东溪腐乳2万坛。其原材料基地为东溪嘉华大豆专业合作社、东溪吉龙辣椒专业合作社。注册的"东溪牌腐乳"商标已有20多年历史。

据《东溪志》载，豆腐乳生产于唐太宗时期，说其来历，还有一个动人的故事。

相传，唐贞观八年（634年），东溪太平桥有个豆花店，店主夏三娘，豆花做得好，心地也善良，人称夏善良。有一天，一个渔人提着一条两斤多重的鲤鱼进店吃豆花饭，夏三娘看见那条鱼不停地向她眨眼，心中便生同情之心，便买下了那条鲤鱼。夏三娘的女儿夏玥精心喂养了七七四十九天后，夏三娘说："鱼儿，你本就在水中生活，你就回到河里去吧！"鱼儿一摇三摆，欢快地向綦江河的远方游去……

当晚，夏三娘就做了个奇怪的梦。在梦中，鱼儿对她说："我本是一个鱼仙子，被渔人网捉，全靠你母女相救，我在蛇皮滩处送你一口水井，永不干涸（此井至今尚存），供你做豆花之用，并教你用豆腐发财之道：豆腐切成块，生霉加作料，装坛十五朝，四处香飘飘……"

第二天，夏三娘到蛇皮滩一看，一石缝下果然有一口井，井水清澈明净，用井水做的豆花又鲜又嫩，客人赞不绝口。夏三娘看到井水应了梦兆，母女俩欢天喜地，赶紧买了七个坛子，把豆腐切成小块装进去，制成了清香可口的"豆腐乳"，流传至今。

东溪腐乳生产，以选取地方所产青豆制成豆腐块，分别经过两次发酵，按不同风味添加不同辅助作料而成。整个生产过程有豆腐坯制作、豆腐坯两次发酵、后期发酵腌坯、配料加黄酒和高粱酒以及红曲、容器消毒、配制卤汤、装坛封口、腐乳成品开坛、二次配料、灭菌分装等30多道工序。

东溪不同风味的腐乳成品，以色彩鲜艳、质地酥软细腻、味道醇正、后味绵长而凸显其品牌风格。

中华老字号始创产品时尚创意银奖牌

2007年，綦江东溪酿造有限责任公司被评为綦江龙头企业。同年在綦江端午龙舟节产品交易会上，东溪豆腐乳获最受消费者喜爱产品称号。2008年获东溪豆腐乳QS认证。2011年4月，东溪腐乳酿造技艺获重庆市非物质文化遗产称号。2013年，綦江东溪酿造有限责任公司荣获中华老字号时尚创意大赛银奖。

东溪刘氏黑鸭

东溪正街的景致是古朴的。踏上这条街道，处处耸立着巴渝民居的乡土气息，湛蓝的天空飘着几朵悠闲的云，一如街道的宁静与恬淡。卤鸭的芳香在街上随风飘散，写有"东溪刘氏黑鸭"的黄旗在风中招摇。走进刘氏黑鸭酒楼，可见真空包装好的黑鸭，纯净、油亮，令人垂涎欲滴。这时，你会真切地体会到，刘氏黑鸭制作技艺是区级非物质文化遗产，绝非虚言。

刘氏黑鸭，为刘氏家族祖传名品，创始人刘德全，1927年8月开始经营，1948年6月由其子刘泽兴经营，1954年私人经营解散，并入东溪餐饮店，仍由刘泽兴主制黑鸭卖给市民。改革开放后，刘泽兴之子刘远国、刘远明、刘远强又重新经营祖传黑鸭，就取名为刘氏黑鸭。

刘氏黑鸭，选农村天然喂养的优质鸭子，再加三十几种中药材入味，通过两小时泡制，辅以酒、糖、味精等，再用低温清油炸制而成。该鸭为绿色传统食品，采用传统配方、先进工艺，鸭色泽黑而微红，入口外酥内

东溪刘氏黑鸭产品

东溪刘氏黑鸭获重庆老字号牌

嫩,鲜香味美,有强身健体、美容养颜之功效。产品发送到重庆、遵义等地,常供不应求,深受消费者喜爱。

如果在刘氏黑鸭酒楼就餐,那餐桌上便是清一色的鸭类食品,主菜是黑鸭子,其余是卤鸭舌、卤鸭肝、卤鸭菌、鸭脚板汤、烤鸭翅膀、炒鸭杂碎、鸭血汤、凉拌鸭肠等,其风味独特,闻名遐迩。

"东溪刘氏黑鸭上了中央电视台,传承了四代人的手艺,在我们手中发扬光大了。"2014年10月6日,中央电视台的《中国味道》栏目播出后,刘远国掩饰不住内心的喜悦。

鸭子变黑味更美,《中国味道》栏目详细记录了刘氏黑鸭整个加工过程,通过三十多味中草药搭配和低温油炸等工序,一只普通的鸭子变得黑亮,鸭肉飘香,诱逗人食指大动。

"我们用的是纯天然中药香料。"刘远国说,刘氏黑鸭的卤制过程并没有高科技,有的只是沿用了百年的制作配方和三十多年的老卤汁。

在制作过程中,刘远国从来不用防腐剂、不用染料、不用人工合成香料。当地许多厨师想模仿制作黑鸭,但颜色和香味却始终达不到那种效果。

刘远国的祖父,曾是一名大厨师,在厨房钻研几十年,最拿手的就是做鸭子。为了让鸭子的品质更高,他们在沿用刘氏家族传统工艺的基础上,不断加入新的中草药,并根据现代人的口味改良配方,使鸭子的味道越来越醇厚。

东溪黑鸭有一句对外宣传语:"不到东溪成思念,不吃黑鸭更遗憾。"这个黑鸭,对一些从小不是在东溪生长的外地人,是非常具有吸引力的。到了东溪赏了古镇风韵美景,如果没有吃到东溪黑鸭,这是你人生中的一大遗憾,信不信,由你!

杨狗烧腊

东溪是个具有独特气质的场镇，宁静、淳朴，不见高楼，没有人潮汹涌，三河交汇之水淙淙远去，如诗似画。街边的黄葛树，都似乎会贴近你、关照你。脚下多是青石铺就的路，即便是雨天，走路也不湿滑，信步游走，随兴所致。

绽放在舌尖上的东溪，让人难忘。杨狗烧腊是东溪饮食的一大特色，从万寿广场往水口寺方向走十多米，一个能同时摆下三五桌的店面，那就是杨狗烧腊餐馆。烧腊生意常年火爆，当地人和慕名前来的人络绎不绝。若逢节假日，店中烧腊常供不应求，让一些食客遗憾而去。

杨狗烧腊，是东溪的一种传统风味卤菜系列，制作技艺始于清

杨狗烧腊　何永松　绘

杨狗烧腊切成盘的卤菜

    光绪十二年，创始人为杨廷寿，以其儿时小名杨狗便取名杨狗烧腊，距今已有一百多年的历史了。

    杨狗烧腊的制作方法，首先是制作卤水。将鸡骨架、猪筒子骨锤断，用冷水氽煮至开，去其血沫，用清水清洗干净，重新加水，放拍破的老姜、留根的大葱。烧开后，用小火慢慢熬，熬成卤汤待用。然后制作糖色。用油炒制，冰糖先处理成细粉状，锅中放少许油，下冰糖粉，用中火慢炒，待糖由白变黄时，改用小火，糖油呈黄色起大泡时，端离火口继续炒，再上火，由黄变深褐色。由大泡变小泡时，加开水少许，再用小火炒至去糊味时，即为糖色。糖色要求不甜，不苦，色泽金黄。再把香料拍破，用香料袋包好打结。先单独用开水煮5分钟，捞出放到卤汤里面，加盐和适量糖色、辣椒，用中小火煮出香味，制成红卤水初坯，白卤水不放辣椒和糖色，其他和香料都相同。

    卤水用的时间越长越好，即成年卤水，用土陶盛装永远保存的。卤料制前处理。动物原料在宰杀处理后，必须将余毛污物清除干净。肠肚应用精盐、淀粉抓洗净。舌、肚还应用沸水略烫，用刀刮去白膜。肉改刀成250~1000克左右的块，肠改刀成45~60厘米左右长的段，肝改刀成500~600克的块，牛肚改刀成1000克左右的块，其他内脏、家禽及豆腐干等不需再改刀。凡是需要卤制的

东溪杨狗烧腊获綦江老字号牌

动物性原料,都应先进行焯水处理后,才能用于卤制。将原料放入清水锅中,焯至断生时,捞出,用清水洗去污沫。如原料异味较大时,可在锅中适当加入葱结、姜块、料酒等。

杨狗烧腊的卤制品有牛肉、五香蹄花、猪头肉、猪肠、猪肚、猪心、猪尾、猪排、蹄膀、鸡、鸭、兔、豆腐干、豆荆棍等,质地适口、味感丰富、香气宜人、润而不腻。

每逢东溪三、六、九赶场天,或国家法定节假日,杨狗烧腊经营门店顾客盈门,争相品尝,赢得了广泛好评。

2012年,东溪杨狗烧腊荣获綦江"消费者信得过门店"称号;2016年,东溪杨狗烧腊荣获"綦江老字号"、"綦江区传统名小吃金奖";2018年,东溪杨狗烧腊制作技艺,上榜綦江区非物质文化遗产名录。

黄荆豆花

在农村长大的孩子，大都能在山中摘一把臭黄荆叶回家做出豆花来。不过第一次吃到这绿色豆花时，心底竟也生出几分稀奇，因为这翡翠色的黄荆豆花竟然是那绿色叶子做成的。

据《中华本草》载，"臭黄荆可入药，有清热解毒、祛风止痛、收敛止血等功效，还有抗蛇毒的作用。"可见臭黄荆有益身体健康。

关于黄荆豆花的来历，有一个美丽而神秘的传说。清康熙初年，东溪一带连年饥荒，难民无数，尸横遍野。观音菩萨见状不忍，便用杨柳枝洒甘露于人间。甘露所到之处，长出了簇簇绿树。饥民就纷纷摘叶取其汁加草木灰水做成了豆花，食用充饥，度过了那饥荒岁月。这绿叶做的豆

黄荆豆花　何永松　绘

第六章　民间美食　221

花，普救了许多饥饿灾民的生命，比黄金都重要和珍贵，故东溪的人们就以谐音取名黄荆豆花。以前东溪的广大农家，每当暮春至初冬，都常到山上采黄荆叶做黄荆豆花，作为家常菜食用。

臭黄荆，别称斑鹊子、短柄腐卑，生长于东溪海拔400~1000米的山坡林中或林缘。直立灌木，植被高2~6m。幼枝有柔毛，老枝渐无毛。单叶对生；叶柄长0.5~2cm；叶片卵状披针形、倒卵形、椭圆形或形，有臭味，长3~13cm，宽1.5~6cm，基部渐狭，全缘或具不规则粗齿，先端急尖至长渐尖，无毛或有短柔毛。聚伞花序组成塔形的圆锥花序，顶生；花萼杯状，绿色或有时带紫色，密被毛至几无毛，边缘常有睫毛，5浅裂；花冠淡黄以，呈二唇形，裂片4，外被柔毛和腺点，内面具柔毛，尤以喉部较密；雄蕊4，2长2短，生于花冠管上。核果球形至倒卵形，紫色，径约6mm。花期5—6月，实期6—10月。

黄荆豆花，是纯手工制作美食。虽然叫作豆花，做起来却不用一颗豆子。它是先将野生的绿色黄荆叶采回来洗净，并用开水将叶子浸泡一下，用洗大铁锅的竹刷把尖捣出它翠绿色的汁液，用白色的纱布过滤掉叶渣，最后倒入烧制好的草木灰水，几分钟后，汁液便凝固成翡翠色的豆花。待冷却后切成细块，用碗或盘盛了，赏心

放好调料的黄荆豆花

东溪黄荆豆花区级非遗牌

悦目。

　　夏日里，黄荆豆花配以黄瓜丝、辣椒丝等，或者按自己喜好调味，吃上一口，一股清凉顺喉入肚，暑气就已消除大半。"青浆凝作脂酥润，绿冻裁成软玉莹。"这正是东溪特色小吃黄荆豆花的形象说法。植物的神奇，大自然的恩赐，真是让人惊叹。

　　至今，东溪农贸市场，仍有几家专业制作和销售黄荆豆花的经营者，每斤价格6元，每天能卖200多斤，产品供不应求。

　　当你走到东溪，用餐时随便走进一家餐馆，都能吃到这原生态的黄荆豆花，让人回忆起年少时的欢乐，让你品味到特色的美味。

第六章　民间美食　223

米豆花

以前，每当逢年过节，东溪都有吃米豆花的传统习俗。几乎每个家庭在春节前都会搅拌一锅米豆花，作为春节家宴必备的美食。至今东溪仍流传有米豆花的故事。

在很久以前，在东溪太平桥半边街，住着一个财主叫陈富有，平时总是精打细算地过日子，虽然年过七旬，但仍掌管着家业。陈富有有两个儿子，都已成年娶妻生子。长子叫陈斗洪，次子叫陈斗福，聪明能干的是次子。陈富有想把家业交给次子，自己闲下来好安享晚年。但又怕长子有意见，说当父亲的一碗水没有端平，偏爱

用石磨磨的大米浆

凉拌米豆花

次子。于是，陈富有想了一个办法，给两个儿子一升米，约四市斤，说道："你们每人用这一升米做一顿饭，要让全家十多口人吃得高兴，谁的手艺最好，我就把这个家业交给他打理。"

长子陈斗洪与其妻冥思苦想之后，就这一升米煮出来要全家吃高兴，于是将米用石磨磨成细粉，和水揉成米团，再切成细块，然后打油汤煮成"神仙粑"，起锅后放入葱花，味道鲜美，小孩们争先恐后地吃，大人们每人只喝到了一碗汤，一块"神仙粑"都未尝到，陈富有心里很是不高兴。

当天晚上，次子陈斗福与其妻商量后，把那一升米用生石灰水水浸泡。第二天一早，把泡涨的米淘洗干净后磨成米浆，然后放在锅里边煮边不断搅拌，煮熟后倒入一个大盆里面，像豆腐一样冷却凝结后，陈斗福试了试重量，有十多斤重。中午，陈斗福将熬制成浅黄色的米块，分切成大指姆大小的方块块，先给每人盛了一大碗，然后将切粹的酸萝卜丁、大头菜片、蒜末、姜末、葱花、五香粉、酱油、陈醋和油炸辣椒面等作料，均匀地放在上面，清香四溢。未吃之前，色、香、味就早已把全家人的食欲诱出来了。端上桌后，人人都吃得津津有味，连说："好吃，好吃！"吃完后，全家人十分高兴。于是陈富有就把家业交给次子打理，长子技不如人，也无话可说。

后来，陈斗福便三天两头这样弄给全家人吃，每次家人无不高兴称赞。陈富有问次子："你做的这种食品，叫什么呢？"陈斗福回答："看到别人做豆腐，学着做的，我也不知道叫什么名字。"陈富有想了一下,说:"是你做的,那就叫'米豆花'吧,与你的名字'斗福'谐音。"于是东溪米豆花之名,便流传至今,并成为一道价廉物美的传统美食。

东溪米豆花,属绿色食品。在农村种水稻时,用的是草木灰等农家肥作肥料、不打任何农药,自然生长成熟的稻谷打成的大米,属无公害绿色产品,对人体有益无害。米豆花制作技艺过程中,主要辅料是石灰,不添加其他任何化学原料,辅以配料食之,味道自然鲜美。

人们来到东溪游玩时,每当午餐或晚餐时,都能吃到米豆花这道特色美食。米豆花冷食主要是凉拌,将米豆花切成小片放入凉水中再捞出,盛入容器后,再将切好的大头菜、酥花生、葱花等放于米豆花上,用小碗放入红油、麻油、花椒油、酱油、醋、姜汁、蒜水等调料兑成汁,浇淋于米豆花上,根据个人口味,酌量添加。把所有料儿都搅拌均匀了,绵密却又嫩又细的米豆花,米的清香中有微微的碱味儿,却被陈醋的酸所化解了,吃起来,油辣椒的辣,陈醋的酸,豆芽儿的清脆,花生、黄豆的干果香,泡菜的醇酸,香辣酸麻鲜嫩脆交替在味蕾之上徘徊,犹如滔滔河水又像竹笛婉转悠扬。吃米豆花最好是吸溜一口吸下,软滑细嫩的米豆花块儿,感觉似乎牙齿都没来得及动,就顺喉而下了,嫩滑酸辣、爽口极了。

热食主要是煮了吃,把米豆花切成长两厘米许、厚半厘米许的小块,放入置有清水的盆中待用。在锅中加水烧开后,放入随季节生长的菜叶煮成七分熟后,放入盐、味精、油、香油、豆豉油、辣椒粉、胡椒粉等,最后把米豆花捞出放入烫水中加热,两分钟即可起锅,再在米豆花中加少量的葱花,使其香味更浓。如果煮白水,就把菜叶煮成七分熟后再放入米豆花,起锅后用盐、胡辣

水煮米豆花

椒面、味精配成的蘸水碟蘸着吃，味道鲜美，吃起来别有一番风味。

随着人们生活水平的逐步提高，老百姓想吃米豆花了，都不想自己做了，嫌麻烦，基本上去农贸市场买现成的，所以东溪做米豆花的生意也越来越好。集中生产也更有利于米豆花这项特色小吃风味和技艺的统一发展和提高，经过长久以来的积累改进，东溪米豆花的色泽金黄、口感清香、软滑细嫩，形成了自己独有的风味，许多外地游客品尝后，还到农贸市场购买，作为东溪地方特产赠送亲朋好友，深受广大消费者的喜爱。

2018年，东溪米豆花制作技艺上榜綦江区非物质文化遗产名录。

活水豆花

东溪古镇的早点中，有着经典的四大美食，小笼包、油条、豆花、米粉。东溪人对这些的执着程度由来已久，成为了这个古老场镇独有的味道回忆。

现在的人们，为什么还是喜欢吃豆花饭呢？因为在我们这个快节奏的生活时代中，豆花是传统的美食，价廉物美。

豆花本身是由豆浆经过胆水点化提炼而成，火候、时机、压制力度不一样，便有老嫩之分。太老则嚼之乏味，太嫩便会从筷子间溜走。要用筷子一夹，力道不大不小，夹起来将落未落的，便是老嫩适中的上品了。制作豆花的过程中，通常因为火候的关系，锅中心位置离火越近的部分稍微显老，四周则相对较嫩。

推磨豆花　何磊　绘

豆花饭的前身是豆花，而不是指饭。当然，你到餐馆点一碗豆花，不可能不吃饭。吃白米饭下豆花，在东溪算是上等素餐。

如果能吃上一顿美美的豆花饭，作料是其中的关键。很多地方的豆花，作料通常是青椒和红油，放上一点儿味精和椒盐，再加上屈指可数的几颗葱花而已。东溪却不然，前面的一样不少，还有花生米、熟芝麻、干豆豉、水豆豉、花椒面、糊辣壳、姜末、蒜泥、香油、花椒油等十几种调料，并且事先不会调和，由客人们根据自己不同的喜好和要求，加入需要的调料，多加少加，都是自己说了算。东溪原来是一个码头集镇，来往的人群本就三教九流，口味不一，这种调料自由搭配的方式，也正迎合了羁旅在外人们的不同需求和喜好。

吃豆花饭搭配的米饭，也是很有讲究的，一定是用甑子蒸的饭。甑子是用竹子和木块组合成的一种蒸米饭的器具。甑底是可透气的竹篾编成的圆形底粗壁，水汽从锅中冒上来将米饭蒸熟。甑身是一个类似于木桶样式的圆柱体，由于经常在水里蒸煮，再加上空气冷热变化，甑身易松动，所以需要竹条或铁丝在甑身中间处将其箍紧；甑盖是用竹篾编成的锥形盖子。这样蒸出来的米饭有着原始的味道，清香、自然。每粒米饭会因为水分的渗透而变得更加纯粹，韧性足，不粘牙，保持着一种若即若离的距离。一碗米饭，既是一个均匀紧密的整体，又同时是无数形态各异的个体，甑子与米饭之间，便有大千世界。

豆花饭很容易吃，但是做起来却是很费工夫的。客人们追求的是来了就吃、吃完就走的速度。可准备豆花，通常要起得很早。俗话说："黄牛未老，豆浆磨好。猛虎一吼，豆花端走。"在昨夜入睡之前，通常就要把黄豆浸泡在水中，到了凌晨一两点就要起床。在凌晨一点到三点，豆花馆的后院通常都会传来石磨盘转动的声音，然后甑子上也开始蒸出袅袅的白烟，散发出米饭的清香。到了凌晨五点，就要完成点豆花，压水分，切块等工作。隔夜的葱花、香菜等味道不佳，部分调料还得重新准备。古镇东溪苏醒得是比较早的，早晨通常不到六点，便有人们进门吃豆花饭了。

吃豆花饭的时间，前后不过十多分钟，其间的人们不仅埋头吃

活水豆花佐料

饭，有时还要玩笑两句："老板，今天生意很不错啥。""你这生意还是做得，小小生意赚大钱！"老板一般都会面带微笑地说："起早摸黑的，卖几碗豆花饭，大钱找不到，混口饭吃还是可以的嘛。"匆匆的寒暄，客人吃完之后，付账走人，也就完成了这次缘分。

　　真正的豆花，是发源于老百姓的平常生活之外的，也是在东溪的庙宇得到了发扬光大并深受所谓皈依信众的普遍欢迎，这就是人们常吃的豆花斋饭。当农历每月初一、十五或做庙会时，你到东溪的龙华寺、观音阁等，就能够吃到正宗的斋饭，会有七八个素菜，特别是那活水豆花，豆花悬浮在略微黄色的告水里，可以自由活动，富有弹性，用筷子夹起豆花来，还在滴告水，看起来有一种美感。细嫩、绵扎、热络的豆花，加上作料齐备的油碟，令你感悟到素食的妙处与益处。

　　一个石磨，一对支架，一根磨档，一粒粒金黄色的大豆，磨缝中缓缓溢出的浆液，是曾经农村中的美餐。如今，老石磨已失去昔日的光彩，任时代变迁，任岁月风化。不过，在返璞归真的今天，古镇东溪的石磨活水豆花，又非常好卖了。在许多食者心里，总是充满了一种浓浓的思乡之情。

米黄瓜

"白绿相间三寸长,藤苗爬杆瓜叶藏。采摘生熟皆能食,满口清脆任君尝。"这就是东溪三正村米黄瓜的真实写照。

为什么非要在黄瓜前面加一个"米"字来修饰呢?这是因为这里的黄瓜与众不同。个子不长,大约三寸;腰身短小,光洁而无刺,瓜藤蒂处为青色,以下部分为鱼肚白,花蒂处微黄,娇小可爱。

米黄瓜之美在于小巧玲珑,青白素妆,头上扎一朵黄花,翠嫩婀娜。米黄瓜之美在于可口美味,肉质脆嫩,可当水果生吃,也可凉拌,汁多味甘,生津解渴,且有特殊芳香。东溪有民谣曰:"黄瓜生来像姐儿,只为你聪脆清香。"熟食可煮汤,鲜香怡人。

其实,最初的黄瓜为野生,瓜带黑刺,味很苦不能食用。野生

镇紫黄瓜　何永松　绘

黄瓜经过长期的栽培、驯化，苦味变轻，开始可供食用。李时珍说："张骞使西域得种，故名胡瓜。"但是后来因为犯了后赵皇帝石勒的忌讳，只好易名黄瓜。此后，黄瓜通过自然选择、人工选择和引变，形成很多变种或生态型。再经过各地不断淘汰和改良，发展成为现在的多种栽培品种。

以前的黄瓜数量应该是很少的，所以能经常享用的人也不多，不像现在，一年四季都能吃到。宋朝陆游曾说："白苣黄瓜上市稀，盘中顿觉有光辉。"明代《帝京景物略》载："元旦进椿芽、黄瓜……一芽一瓜，几半千钱。"按当时的钱算，是很昂贵的。

东溪米黄瓜，主要产于三正村。相传，有一位龙姓农民从湖广入川驻镇紫街时，将随身带的米黄瓜种子进行试种。开初龙姓家族是自种自食，由于这里种植的黄瓜质量好、产量高，其他人也跟着种米黄瓜，一直种到现在。

据三正村八社的老农龙德云说，从他高祖辈起，每年都种植米黄瓜两亩左右，并挑运到东溪、赶水、盖石、分水、郭扶场去卖，销路很好。到民国初年，发展到30多家人种米黄瓜，种植面积达30亩以上。民国十一二年后，匪患猖獗，土地荒芜，商业萧条，米黄瓜种植面积大大减少。匪患平息后，到民国十八九年又恢复到原有米黄瓜种植面积。解放后，米黄瓜种植面积达到60多亩，比以前增长一倍以上。党的十一届三中全会以后，种植面积达100多亩，缓和了蔬菜春淡的矛盾。特别是2003年东溪农村产业结构调整后，三正村桥沟河两岸种植米黄瓜达3000多亩，形成具有特色的米黄瓜基地，产品卖到重庆、贵州等地，很受消费者喜爱。

日出而作，日落而息。这本是三正村农民祖祖辈辈生存生活之道。然而，瓜农为了保证早市上米黄瓜的新鲜和好价钱，在数九寒冬时，村民们便精耕细作地播下米黄瓜籽，并采用地膜大棚育苗技术。在春日阳光温暖的爱抚下，肥沃的土地，饮无数春雨的甘甜，米黄瓜苗泛绿，苗儿伸出蔓儿，蔓儿牵着叶儿，一蹭一蹭地向上攀援。它的攀援是一种行为语言，坚韧不拔地向上，向着它追求的高度。米黄瓜蔓儿终于爬到了竹竿的顶端，悄悄地把自己挂起来，与挂在天上的星星保持同一种垂直的姿势。两排挨得相近的竹竿依偎

东溪米黄瓜

在一起相亲相爱。春雨滋润，叶明花媚。黄黄的小花，小巧、内敛，在碧绿的藤蔓里，默默吐香。深绿的叶子下，恰到好处地点缀着黄黄的花朵，有如能工巧匠在打扮豪华的殿堂。黄黄的小花渐渐地失去了光泽，一个个饱满丰实的米黄瓜挂满了竹竿，随风晃动。

瓜农们每天要数着星星到瓜地打理瓜秧和采摘，日光大棚闷热潮湿，瓜秧划到皮肤上痕迹斑斑，瓜农的手是一双虽不细嫩，但却无比坚强的劳动者的手。每天当太阳冉冉升起，一担担一筐筐鲜美的米黄瓜便送到了东溪农贸市场，一批批游客纷纷走进古镇，品尝古镇米黄瓜的鲜美。

三正村桥沟河两岸的那大片米黄瓜，是乡村一道绝美的风景。米黄瓜曾经给那里的村民带来许多丰收和喜悦。

米黄瓜是一缕乡情，一种如月光般恬淡的心境。

第六章 民间美食 233

东溪旅游攻略

一日游：若自驾汽车前往，可从重庆上高速公路，行至东溪高速路出入口下高速，再行210国道2公里入东溪古镇。

若乘公共汽车，早上到南坪汽车站，可乘南坪到东溪的大巴，每人35元；或乘到打通、石壕的大巴，在东溪高速收费站下车，转乘中巴车进东溪古镇。

若乘坐动车，重庆西至赶水东，一等票每人55元、二等票每人34元，到赶水后转乘中巴车到东溪古镇。

到古镇后，可游麻乡约民信局、南华宫、万天宫、抗战老街、国民党中央银行东溪分行旧址、风雨廊桥、东溪峡谷、黄葛画廊、黄葛洞瀑布、太平桥、南平僚碑、王爷庙、太平桥码头等景观。

二日游：在一日游基础上，可观国民党中央军事参议院旧址、七孔子汉墓群、盐马古道、观音阁、上平桥、乌龟石、大金银洞瀑布、小金银洞瀑布、神石、抚我子遗碑、气死莫告状碑、一石三碑、石棺材、龙华寺、旌表节孝牌坊、太平古寨、琵琶古寨、牛心山等。东溪有一首数字诗：

十景九市数风流，八庙七巷游人欢。
六院金屋美人笑，五桥胜境景致鲜。

四街徜徉品风情，三宫舞曲赛天仙。

二碑犹记东溪史，一条古道越黔川。

这首诗，或许是你走进诗情画意东溪的一次快乐之旅。

编后记

郁郁层峦夹岸青，东溪流水去无声。烟波一棹知何处，鹧鸪两山相对鸣。高高低低的树，弯弯曲曲的河，四通八达的巷，勾勒出东溪这个具有2200多年历史的中国历史文化名镇。

千百年来，一样的石板古街，一样的粉墙黛瓦，一样的历史建筑，当世界都在往现代都市追赶之时，东溪古镇依然从容地过着自己应有的日子，时间仿佛在这里凝结了。穿越时光隧道，梦里依稀的古镇印象，深深胡同的童年记忆，如烟而去的瓦砾残影……这些曾经的美好，都能在东溪古镇中找到。"二碑二石""三宫四街""六院九市"等不同朝代在此演绎不同的故事。当你走进古镇东溪，无论如何你都能读出其历史的厚重、悠远和民风的朴实无华。

綦江区旅游度假管委会、南州旅投有限公司、东溪镇党委、政府为致力于保护和建设东溪这个中国历史文化名镇之时，致力于编辑出版《巴渝古镇·东溪》，让更多的人从"古镇东溪、风云历史、人文传承、传说故事、史迹名胜、民间美食"中了解东溪，认识东溪，喜欢东溪。

《巴渝古镇·东溪》用历史讲述原真东溪，用人文展示厚重东溪，用故事倾诉美丽东溪，用史迹感悟文化东溪，用美食体验幸福东溪。

品读文字，感知乡情。古镇与文字同行，能够温润生命，穿越人生，行走心灵之旅，畅游灵魂之巅。古镇在继续，思绪在继续，人生在继续。做生命旅程中一个真实的游客，思我所思，写我所写，这是我们的愿望，也是我们的精魂所系，快乐所在，理想所在。

作者　刘泽安　罗　毅

2019年6月9日

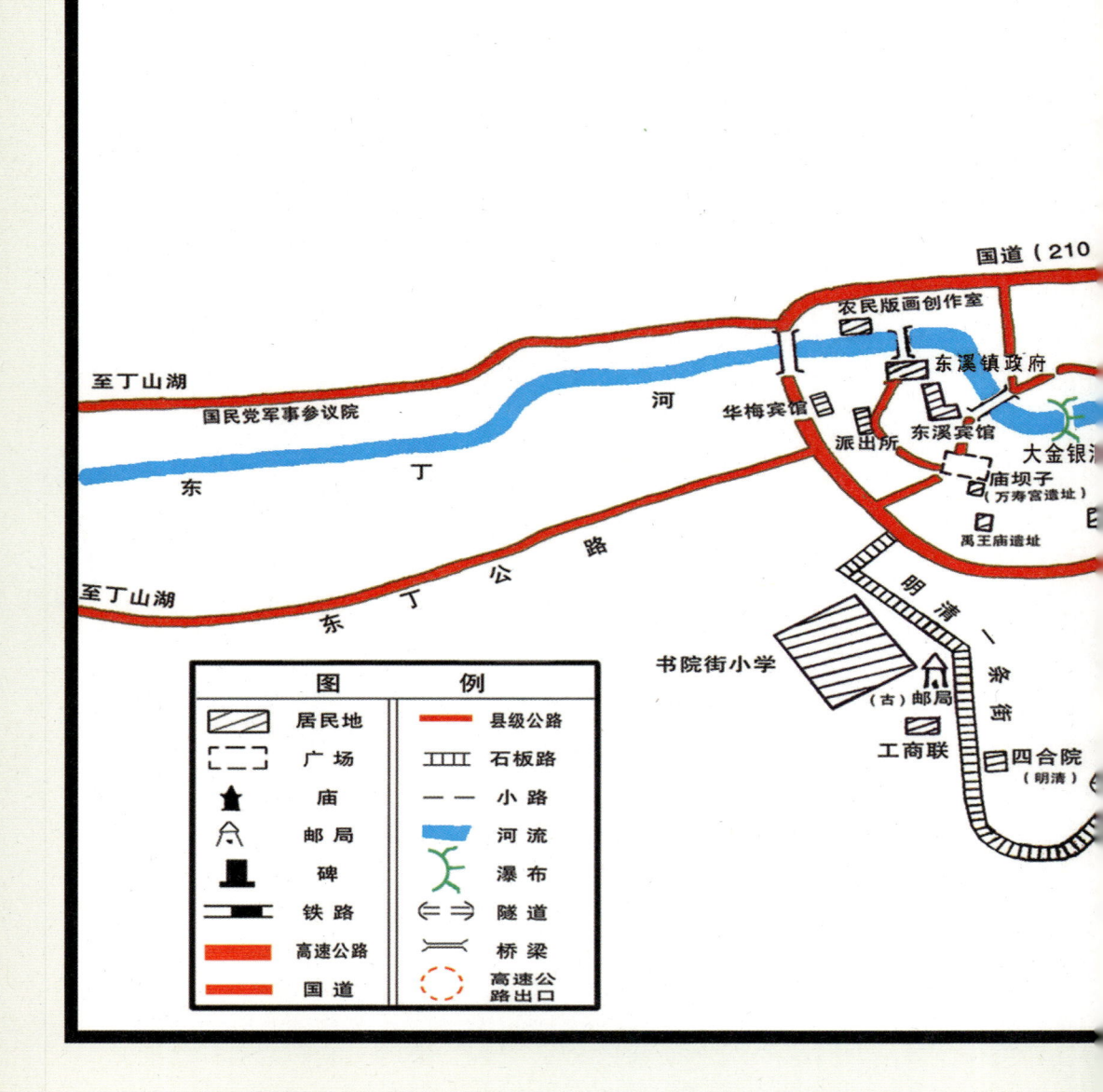

东溪古镇

游线路图

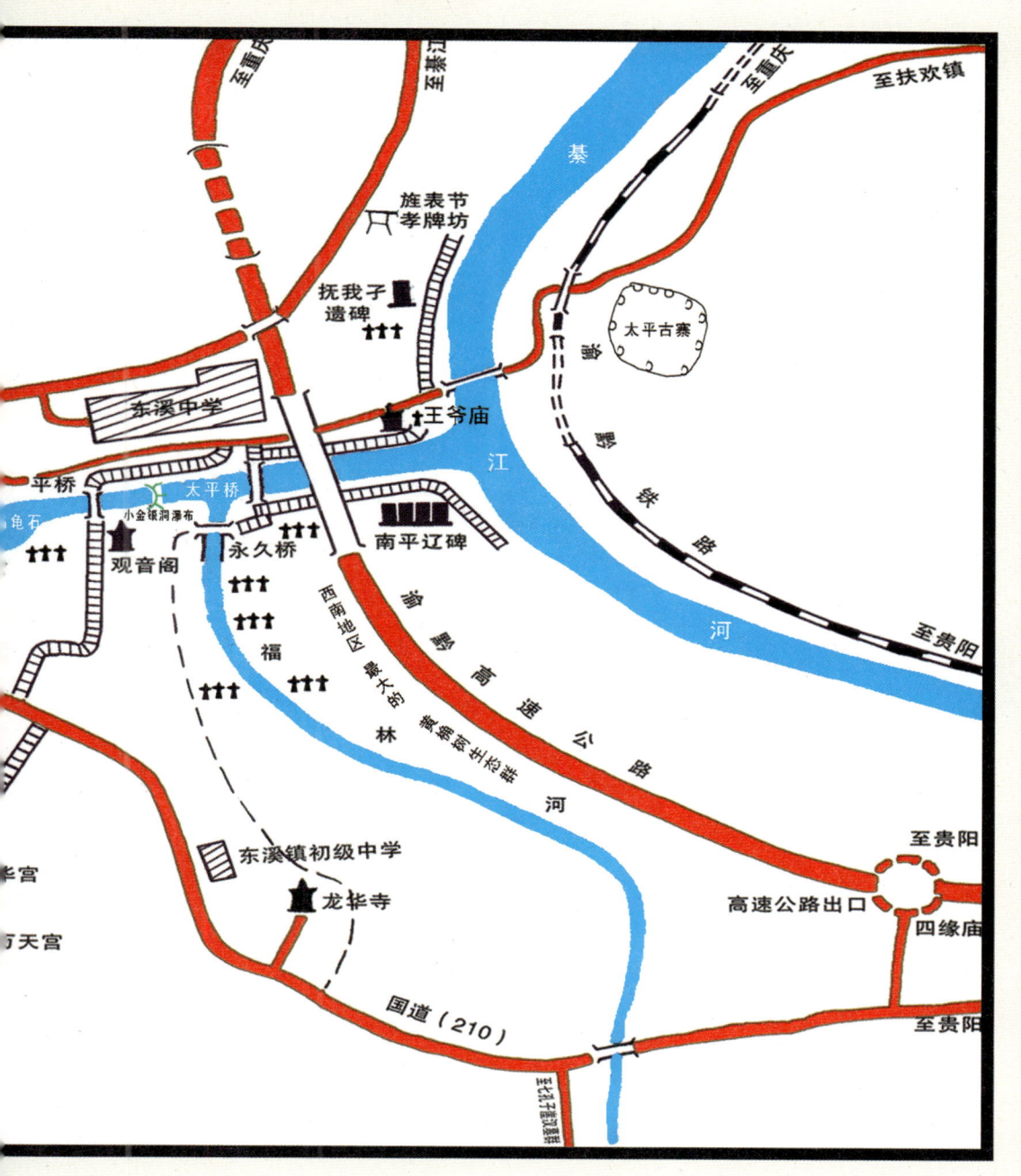